Eduard von Hartmann

Zur Reform des höheren Schulwesens

Eduard von Hartmann

Zur Reform des höheren Schulwesens

ISBN/EAN: 9783744607438

Hergestellt in Europa, USA, Kanada, Australien, Japan

Cover: Foto ©ninafisch / pixelio.de

Weitere Bücher finden Sie auf **www.hansebooks.com**

ZUR REFORM

DES

HÖHEREN SCHULWESENS.

VON

EDUARD VON HARTMANN.

BERLIN.
CARL DUNCKER'S VERLAG.
(C. HEYMONS.)
1875.

Inhalt.

		Seite
I.	Die Reformbedürftigkeit unserer höheren Schulen	1
II.	Allgemeine Bildungsschule und Fachschule	9
III.	Die erste Stufe der Reform: Das Realgymnasium mit 30 Wochenstunden	24
	a. Kleinere Unterrichtsgegenstände	24
	b. Mathematik und Naturwissenschaften	29
	c. Die Sprachen	41
IV.	Die zweite Stufe der Reform: Das Realgymnasium mit 27 Wochenstunden	58
V.	Die dritte Stufe der Reform: Das Realgymnasium mit 24 Wochenstunden	69
VI.	Resultate in Gestalt präcisirter Reformbestimmungen	87

Von demselben Verfasser sind erschienen:

In **Carl Duncker's Verlag** in Berlin:

Philosophie des Unbewussten. 6. Auflage. 53 Bogen gr. 8. Preis 12 M.

Die Selbstzersetzung des Christenthums und die Religion der Zukunft. 2. Auflage. 9 Bogen gr. 8. Preis 3 M.

Kritische Grundlegung des transcendentalen Realismus. 2. Auflage. 12 Bogen gr. 8. Preis 4 M.

J. H. v. Kirchmann's erkenntnisstheoretischer Realismus. Ein kritischer Beitrag zur Begründung des transcendentalen Realismus. 4½ Bogen gr. 8. Preis 1 M. 75 Pf.

Wahrheit und Irrthum im Darwinismus. Eine kritische Darstellung der organischen Entwickelungstheorie. 12 Bogen gr. 8. Preis 4 M.

Gesammelte philosophische Abhandlungen zur Philosophie des Unbewussten. 8 Bogen gr. 8. Preis 2 M.

Erläuterungen zur Metaphysik des Unbewussten mit besonderer Rücksicht auf den Panlogismus. 5 Bogen gr. 8. Preis 1 M. 50 Pf.

Ueber die dialektische Methode. Historisch-kritische Untersuchungen. 8 Bogen gr. 8. Preis 2 M.

In **Elwin Staude's Verlag** in Berlin:

Schelling's positive Philosophie als Einheit von Hegel und Schopenhauer. 4 Bogen gr. 8. Preis 1 M. 50 Pf.

In **Joh. Friedr. Hartknoch's Verlag** in Leipzig:

Shakespeare's Romeo und Julia. 2½ Bogen gr. 8. Preis 1 M. 25 Pf.

In **Wilhelm Müller's Verlag** in Berlin:

Aphorismen über das Drama. 3 Bogen gr. 8. Preis 1 M.

Karl Robert, Dramatische Dichtungen. 16 Bogen 16. Preis 3 M.

I. Die Reformbedürftigkeit unserer höheren Schulen.

Dass wir uns in einer Krisis des höheren Schulwesens befinden, dürfte ziemlich allgemein zugestanden werden; diese Krisis geht hervor aus dem allgemein gefühlten Bedürfniss nach einer gründlichen Aenderung und Besserung der bestehenden Zustände, und aus der grossen Divergenz der Ansichten, die bisher über die Richtung herrscht, in welcher die Abhülfe gesucht werden muss.

Unsere höheren Schulen haben sich historisch entwickelt aus den lateinischen Schulen des Mittelalters und der Reformationszeit. In der ersteren Periode diente die lateinische Bildung vorwiegend theologischen und clericalen, in der letzteren humanistischen Zwecken. Sowohl die Förderung als die humanistische Bekämpfung der mittelalterlichen Dogmatik musste sich an die lateinischen Classiker anlehnen, aus dem einfachen Grunde, weil es damals die einzige Quelle der Bildung war, aus der man schöpfen konnte. Die mit der Zerstörung des Oströmischen Reichs beginnende Renaissance brachte allerdings die Kunde der griechischen Classiker zunächst nach Italien und dann allmählich auch weiter nach Deutschland, aber diese Kenntniss sickerte so langsam durch, dass sie selbst im vorigen Jahrhundert noch auf verhältnissmässig wenig bevorzugte Gelehrte beschränkt war, und dass selbst noch zu Anfang dieses Jahrhunderts die tüchtigen Lehrer der griechischen Sprache auf den preussischen Gymnasien ziemlich spärlich gesät waren. So lange nun der Unterricht ausschliesslich oder doch wesentlich auf das Lateinische beschränkt war, konnte eine mässige Anzahl wöchentlicher Schulstunden ausreichen, um in diesem einen Hauptgegenstande eine grosse Sicherheit zu erzielen. Dieser idyllische und für den Gesundheitszustand der Schüler sehr vortheilhafte Zustand änderte sich um so mehr, je mehr neue Unterrichtsgegenstände sich neben dem Lateinischen einen Platz eroberten. Von der einen Seite erhob das Griechische den Anspruch auf Berücksichtigung, von der andren Seite forderten die schärfere Absonderung der Nationalitäten, das hierdurch gesteigerte Nationalgefühl und die allmähliche Verdrängung des Lateinischen als Sprache der Wissenschaft durch die Muttersprache eine wissenschaftliche Pflege der letzteren, an die früher niemand gedacht hatte. Die Geschichte war ursprünglich nur durch das Medium der lateinischen Historiker betrieben worden; als aber die Bekanntschaft mit dem alten Hellas die Berücksichtigung auch der hellenischen Geschichte nahe legte, als endlich gar die patriotische Forderung einer Pflege der modernen Geschichte sich einstellte, da blieb nichts mehr übrig, als diesen Aufgaben besondere Unterrichtsstunden zu widmen. Ganz ähnlich ging es mit der Geographie; ausserdem wuchs das ursprünglich nur für den nöthigsten praktischen Bedarf getriebene Rechnen in der Mathematik zu einem selbstständigen formalen Bildungsmittel heran, und endlich verlangten gar noch die aufblühenden Naturwissenschaften und die Kenntniss der wichtigsten neueren Sprachen als Bestandtheil der modernen Bildung einen Platz im Schulplan.

Die Folge dieses Umschwungs war eine zwiefache. Erstens verloren die höheren Schulen ihren ursprünglichen Charakter als lateinische Schulen, indem das Lateinische auf die Hälfte oder einen noch geringeren Theil seiner früheren Stundenzahl zurückgedrängt wurde; dem ehemaligen Ziel, fertig lateinisch zu schreiben und zu sprechen, rückten nun die Leistungen der Schule immer ferner, so dass das Lateinisch-Sprechen jetzt bereits als definitiv aufgegeben zu betrachten ist, und das Schreiben nahe daran ist, aufgegeben zu werden. Zweitens aber schwoll (trotz dieses Rückgangs der Leistungen in dem noch immer Hauptgegenstand der Schule gebliebenen Fach) die Gesammtstundenzahl und die Summe der häuslichen Arbeiten in zunehmender Progression beständig an, so dass dieselbe heute bereits als eine nationale Calamität, als eine systematische Untergrabung der körperlichen und geistigen Gesundheit der edelsten Blüthe unseres Volkes zu bezeichnen ist.

Und dabei ist dieser Process noch nicht abgeschlossen. Von allen Seiten erheben sich Forderungen verschiedener neuer Wissenszweige auf Aufnahme in den Schulplan der höheren Lehranstalten, und in den bereits aufgenommenen Disciplinen selbst ist der Wissensstoff fortwährend noch im Wachsen. Immer allgemeiner und dringender wird der Wunsch der Eltern, ihren Kindern durch Privatunterricht in bestimmten Wissenszweigen oder Künsten neben der Schule eine Ausbildung zu ertheilen, und immer riesiger wachsen die Anforderungen der Schule selbst an den Geist des Knaben. Jeder Fachlehrer strebt danach, seinen Unterricht „intensiver", d. h. aber auch „anstrengender" für den Schüler zu machen, und jede Schule sucht die andre durch Steigerung des von ihr umfassten und bewältigten Unterrichtsstoffes zu überbieten.

Das Resultat ist, dass unsre Kinder durch Schulstunden, Privatstunden und häusliche Arbeiten überbürdet sind, dass die Gesammtsumme ihrer Arbeitszeit die des Kaufmanns und Büreaubeamten bei weitem übersteigt, und der des Fabrikarbeiters nahe kommt. Dabei sind aber die Arbeiten des Handwerkers und selbst die des Kaufmanns und Beamten durchschnittlich in weit höherem Grade mechanisch und daher durch ihre Dauer weniger anstrengend als die des Schülers, und die Büreau's und Fabrikräume sind unvergleichlich gesündere Aufenthaltsorte als die Schulstuben, das Sitzen auf den Reitschemeln der Beamten und das Stehen an Stehpulten oder Arbeitsmaschinen unvergleichlich gesünder als das Sitzen auf der Schulbank, oder am häuslichen Arbeitstisch des Schülers. Für die Kinder des Proletariats hat das Gesetz bereits einen Schutz gegen übermässige Arbeitsdauer geschaffen, aber die Kinder unserer geistigen Aristokratie schützt kein Gesetz vor Ueberanstrengung, — ja nicht einmal der Vater, wenn er nicht sehr reich ist, vermag sein Kind davor zu schützen. Nicht genug, dass man die relativ glücklichste Zeit dieses jämmerlichen Lebens, das Eden der Kindheit, den Kindern unsrer Gebildeten scrupellos raubt und die Frische ihres kindlichen Geistes so wie die höchste Freude des Menschen, die Lust am Lernen, unwiederbringlich zerstört, man legt auch den Keim des Siechthums in ihre Leiber, den sie als Unterleibs- oder Nervenkrankheit ihr Leben hindurchschleppen müssen, um ihn dann auf Kind und Kindeskinder zu vererben.

Und alle diese grässlichen Opfer um einer Bildung willen, die doch keinem Anspruch genügt! Denn ist der Junge auf's Gymnasium gegangen, so ist seine naturwissenschaftliche Bildung nur zu oft von einer erschreckenden Dürftigkeit, seine mathematische Bildung unsicher, seine literarhistorische mangelhaft und sein Französisch reicht kaum hin, um einen Brief zu schreiben. Hat er dagegen die Realschule besucht, so sind ihm alle terminologischen Ausdrücke der modernen Realwissenschaften, die meist aus dem Griechischen stammen, böhmische Dörfer, sein sprachliches Formengefühl und seine Vorbildung für logische Gedankenentwickelung lässt zu wünschen übrig, und ein verschlossenes Buch ist ihm das ganze Gebiet des classischen Hellenenthums, jene zauberhafte Welt der ewigen Schönheit und des harmonischen Menschenseins, jene einzige nie wiederkehrende Erscheinung in der Weltentwickelung, an der als an einem berauschenden Ideal die Blicke unsrer Besten hingen. Mit einem Wort, wir besitzen keine Schule, welche den berechtigten Ansprüchen der Gegenwart auf allgemeinere höhere Bildung Genüge thäte, und trotzdem müssen die unzulänglichen Leistungen unsrer bestehenden Schulen noch um den Preis einer hygienisch wie pädagogisch gleich unverantwortlichen Ueberlastung mit Arbeit erkauft werden.

Dieser Sachverhalt legt in der That die Nothwendigkeit schleuniger Reformen dringend genug an's Herz, und es steht zu hoffen, dass das in der Ausarbeitung begriffene preussische Unterrichtsgesetz den dringendsten Bedürfnissen in dieser Richtung Rechnung tragen werde. **Die erste Bedingung ist der gesetzliche Schutz für Leib und Seele unsrer Kinder gegen pädagogische Misshandlung.** In dieser Richtung müsste jeder Director vom Gesetz mit Strafe bedroht werden, der mit den obligatorischen Schulstunden eine bestimmte Zahl in der Woche oder am Tage überschreitet, und das Allergeringste, was das Gesetz an Schutz garantiren müsste, wäre für die Wochenstunden die Maximalzahl 30, für die Tagesstunden eines Schülers die Zahl 7, für die bei einem Schulbesuch hintereinander folgenden Stunden die Zahl 5. Denn ein Tag mit 7 Schulstunden, vier Schulwegen und der häuslichen Arbeitszeit kommt selbst ohne Rücksicht auf Privatstunden der zehnstündigen Arbeitszeit der Fabriken nahe genug. Gegenwärtig aber werden selbst diese Grenzen nicht innegehalten, und soll in Berliner Realschulen schon die horrende Zahl von zehn Stunden an einem Tage erreicht worden sein.

Ferner müsste die Abschaffung des Nachmittagsunterrichts für alle obligatorischen Stunden durch das Gesetz geregelt werden. Bei einer Beschränkung der obligatorischen Stunden auf 30 pro Woche ergiebt sich bei 5 täglichen Vormittagsstunden diese Aufhebung des Nachmittagsunterrichts von selbst, so dass die Nachmittage ganz dem facultativen Schulbesuch vorbehalten bleiben. Dadurch wird den Schülern viel an Zeit und (bei Hitze und schlechter Witterung) auch an Gesundheit gespart. Die fünfstündige Schulzeit entspricht etwa den Büreaustunden eines Beamten; nur muss man dabei immer noch berücksichtigen, dass der Beamte, wenn er das Büreau verlassen hat, den Kopf völlig frei hat, der arme Schüler aber die Sorge um seine häuslichen Arbeiten mit nach Hause nimmt. Erwägt man ferner, dass diejenigen Schüler, welche weder häusliche Privatstunden ausserdem haben, noch an irgend welchen der facultativen Nachmittagsstunden der Schule theilnehmen, nur einen sehr kleinen Bruchtheil bilden werden, so muss es dringend wünschenswerth erscheinen, die Zahl der obligatorischen Schulstunden unter das gesetzlich zulässige Maximum, nämlich auf 24 pro Woche, oder 4 pro Tag herabzusetzen. Erst wenn diese Reform zur Durchführung gelangte, wäre an eine weitere Steigerung der Intensität des Unterrichts zu denken, die gegenwärtig an der physischen Abspannung der Schüler ganz ebenso scheitert, wie der Versuch, den Steuerertrag eines mit Steuern bereits überbürdeten Landes durch weitere Steuererhöhung zu steigern. Leider ist die Aussicht zu einer so gründlichen Umwälzung unsrer Schulzustände vorderhand sehr gering; man wird augenblicklich schon zufrieden sein müssen, wenn man nur die allerdringendsten Reformen durchsetzt, d. h. wenn es bei dem gesetzlich zulässigen Maximum des Unterrichts eine

Schule zu organisiren gelingt, welche ihren Schülern eine den Ansprüchen der Gegenwart wirklich genügende Ausbildung des Geistes verschafft. Ich werde daher auch meine Erörterungen zunächst auf die Voraussetzung einer obligatorischen Schulzeit von 30 Wochenstunden gründen, und erst in den beiden letzten Abschnitten an die hierbei gewonnenen Resultate weitere Reformvorschläge anschliessen.

Die Frage wegen der Reform unserer höheren Schulen ist neuerdings fast bis zur Erschöpfung der streitenden Parteien ventilirt worden, ohne doch zu einer Verständigung über die Cardinalfragen geführt zu haben. Die Einen können sich nicht losreissen von dem liebgewordenen Alten, an dessen Brüsten sie ihre erste Nahrung gesogen; die Andern möchten das Neue, dem sie ihre Kräfte gewidmet, sowohl theoretisch im günstigsten Lichte betrachten, als auch in seiner praktischen Geltung heben (um ihre persönliche Stellung mit zu heben); die Dritten mischen in eine rein technische Frage ungehöriger Weise politische und religiöse oder antireligiöse Gesichtspunkte ein, indem sie von der irrthümlichen Voraussetzung ausgehen, als ob der Unterrichtsstoff und nicht der Geist, in welchem derselbe behandelt wird, bestimmend sei für den Geist, in welchem er wirkt. Alle diese Umstände tragen dazu bei, die Unbefangenheit der Betheiligten zu beeinträchtigen und die Verständigung derselben unter einander zu erschweren.

Da mag es denn entschuldbar scheinen, wenn bei so grosser Verwirrung des Knotens und so grosser nationaler Dringlichkeit der Reform ein Draussenstehender seine Stimme zu erheben wagt, der so Manches über die einschlägigen Fragen gelesen, jede Gelegenheit benutzt hat, um sich bei Lehrern und Schülern zu informiren, und auf Grund eigner und fremder Erfahrungen so manche Stunde über die Lösung der gegebenen Schwierigkeiten nachgedacht hat, von deren culturgeschichtlicher Wichtigkeit er tief durchdrungen ist. Die Thatsache, dass trotz aller praktischen Erfahrung die Schulmänner von Fach zu den entgegengesetztesten Ansichten über das, was noth thut, gelangt sind, und sich in diesem Gegensatz der Ansichten um so mehr verhärten, je länger der Streit dauert, mag einem Laien Verzeihung erwirken, wenn er, obschon ihm nicht das gleiche Maass praktischer Erfahrung wie dem Fachmann zu Gebote steht, sein Urtheil abzugeben sich erlaubt. Die thatsächliche Zerfahrenheit der Ansichten unter den Fachleuten ist nur dadurch erklärlich, dass dieselben diejenigen grossen Gesichtspunkte, allgemeinen Grundsätze und festen Principien mehr oder minder aus den Augen verloren haben, nach denen allein solche Streitfragen entschieden werden können, und es scheint daher vor allen Dingen nöthig, dass in die allgemeine Verwirrung der Meinungen einmal durch die Hervorkehrung jener obersten leitenden Grundsätze der Schulerziehung Licht und Klarheit gebracht werde. Hierzu aber darf sich ein Philosoph, der sich mit den einschlägigen Fragen vertraut zu machen gesucht hat, vielleicht in erster Reihe berufen glauben. Fast scheint die mehrere Jahre lang recht dringende Gefahr jetzt überwunden, als ob wir mit der Entwickelung unseres höheren Schulwesens in ein ganz falsches Fahrwasser steuerten, das für die weltgeschichtliche Aufgabe des deutschen Volkes verderblich hätte werden müssen, aber nur die schlimmsten Anzeichen haben sich gewandt, und nicht eher dürfen wir die Hände in den Schooss legen, als bis die Reform in sichere Bahnen gelenkt ist, welche uns ruhig der Zukunft in's Angesicht schauen lassen.

II. Allgemeine Bildungsschule und Fachschule.

Alle Bildung ist eine doppelte, theils eine allgemeine Geistesbildung, welche die Aufgabe hat, den Menschen auf ein gewisses Culturniveau zu heben, theils eine Fachbildung, welche dazu bestimmt ist, die Kenntnisse und Fertigkeiten mitzutheilen, die zu einem speciellen Beruf erforderlich sind. Streng geschieden sind beide Aufgaben bisher nur einerseits in der Volksschule, welche bloss allgemeine Bildungsschule ist, und andrerseits in den höheren Fachschulen ausserhalb der Universitäten (polytechnischen Instituten, Gewerbe-, landwirthschaftlichen, Forst-, Bau- u. s. w. Akademien, höheren Militärbildungsanstalten u. dgl.), welche die für den Beruf erforderliche allgemeine Bildung als bereits vorhanden voraussetzen. Die Universitäten sollen ihrem ursprünglichen Plane nach zwar die *universitas literarum* repräsentiren, also für jeden Studenten in erster Reihe Hochschulen der allgemeinen Geistesbildung sein und erst in zweiter Reihe Gelegenheit zu Fachstudien bieten, aber dieses Verhältniss hat sich längst umgekehrt, und die Benutzung derselben als allgemeiner Bildungsanstalten hat sich auf verschwindende Ausnahmefälle reducirt. Jede Universität ist gegenwärtig ein Complex von höheren Fachschulen, deren Vereinigung zu Einem Institut bloss noch den nicht zu unterschätzenden Vortheil bietet, dass dem Studirenden durch vorläufiges Herumhören in verschiedenen Fächern die Berufswahl, beziehungsweise das Umsatteln aus einem Beruf in den andern erleichtert wird.

Ausser den höheren Fachschulen giebt es nun auch noch niedere, speciell für Handel, Gewerbe und Ackerbau. Diese schliessen sich meistens an Mittelschulen der allgemeinen Bildung (höhere Bürgerschulen) an, d. h. die sogenannten Handels-, Gewerbe- und Ackerbauschulen beabsichtigen die Aufgaben einer Mittelschule und einer Fachschule zugleich zu erfüllen. Hiergegen ist praktisch gewiss nichts einzuwenden, wenn nur die Doppelseitigkeit der Aufgabe principiell nicht aus den Augen verloren wird. Rechnet man auf das Pensum der Volksschule, sofern es in einer Vorbereitungsschule absolvirt wird, 3 Jahre; und auf das hieran sich anschliessende Pensum der Mittelschule 6 Jahre, so würden die Schüler mit durchschnittlich 15 Jahren die Mittelschule verlassen, um in einen bürgerlichen Beruf einzutreten. Es liegt nun gewiss kein Hinderniss vor, die niederen Fachschulen mit 2—3jährigem Cursus da, wo die örtlichen Bedürfnisse dafür sprechen, mit der Mittelschule zu vereinigen, so dass der Schüler erst mit 17—18 Jahren, nun aber auch gleich für seinen speciellen Beruf theoretisch vorbereitet, aus der Schule ausscheidet. Was dagegen bei einer solchen Verbindung schon erheblichen Bedenken unterliegen muss, das ist das vorzeitige Hereinziehen der Fachbildung in den sechsjährigen Lehrgang der Mittelschule, und das Hineinleiten allgemeinen Bildungsunterrichts in den 2—3 jährigen Cursus der Fachschule. Es ist vielmehr darauf zu halten, dass auch in solchen combinirten Bildungs- und Fachschulen die Aufgabe der Mittelschule in dem sechsjährigen Lehrgang vollständig gelöst, und diese Lösung nicht durch das Hereinziehen specieller Berufsbildung beeinträchtigt werde, damit auch diejenigen Schüler, welche vor Eintritt in die Fachschule auszuscheiden sich entschliessen, einen **harmonisch abgeschlossenen** Bildungsgang gewonnen haben.

Wesentlich anders liegt die Sache bei den höheren Schulen. Hier ist der für die allgemeine Bildung bestimmte Lehrgang ohnehin schon ein neunjähriger (mit der Vorschule ein zwölfjähriger), der die Schüler bis zum vollendeten 18. Lebensjahr in Anspruch nimmt; mit diesem Lebensalter aber ist die Zeit eingetreten, wo der Jüngling sich stürmisch nach Befreiung von dem Zwang der Schulbank sehnt, und wo das Lernen unter diesem Zwange mit steigendem Widerwillen geübt wird. Die drei Jahre, über welche man im Anschluss an die Mittelschule für Fachbildung verfügen konnte, sind also hier bereits mit Beschlag belegt; ausserdem aber weiss der Mittelschüler seine theoretische Berufsbildung mit dem Austritt aus der niederen Fachschule **beendet**, während der Schüler einer höheren Schulanstalt weiss, dass er in demselben Alter, wo jener bereits ausgelernt hat, erst recht anfangen muss zu lernen, nämlich auf der höheren Fachschule oder Universität. Ersterer hat die Berufsbildung mit 18 Jahren hinter sich, letzterer hat sie noch vor sich; das ist gewiss allein schon ein triftiger Grund, um ihn mit anticipirter Berufsbildung auf der Schule zu verschonen.

Der entscheidende und durchschlagende Grund aber ist der, dass die Gewinnung einer für die Ansprüche der Gegenwart ausreichenden **allgemeinen** Bildung in **9** (resp. **12) Jahren** ohne Ueberanstrengung von Geist und Körper an und für sich schon eine so überaus **schwierige** Aufgabe ist, dass deren Lösung schlechterdings **unmöglich** gemacht wird, wenn die für sie bestimmte Zeit ausserdem noch durch anticipirte Berufsbildung in Anspruch genommen wird. Es giebt nur **Ein Ziel** für die Reform eines höheren Schulwesens: Erlangung der nothwendigen **allgemeinen** Bildung; es giebt nur **Ein Mittel**, um dieses Ziel nicht auch fernerhin wie bisher zu verfehlen, das ist **Vereinfachung des Lernstoffs durch unerbittliche und rücksichtslose Ausscheidung alles dessen**, was nicht unumgänglich nothwendig ist zur Erlangung einer allgemeinen Geistesbildung, sondern nur durch Anticipation irgend welcher Berufsbildung in den Schulplan eingeschmuggelt, oder von früherer Zeit her in demselben stehen geblieben ist. Was der allgemeinen Geistesbildung dient, und für diese unerlässlich ist, ist humanistische Nothwendigkeit und bildet deshalb einen obligatorischen Lehrgegenstand der höheren Schule; was aber zur besseren Vorbereitung für künftige Berufsbildung dient, das kann nur aus utilitaristischen Gesichtspunkten vertheidigt werden. Wäre die höhere Schule in der Lage, ihre humanistische Aufgabe vollkommen zu erfüllen und daneben noch Zeit zur Lösung andrer Aufgaben übrig zu behalten, so wäre gegen ein solches Einschieben utilitaristischer Lehrobjecte gewiss nichts einzuwenden. Aber wir haben gesehen, dass die Schüler unter dem Uebermaass des Lernstoffs erdrückt werden, dass trotz dieser Calamität unsere höhere Schule in keiner der gegebenen Gestalten ihre nächstliegende, humanistische Aufgabe zu erfüllen im Stande ist, und dass eine Verminderung des Lernstoffs sowohl in den Gymnasien, als auch (in noch höherem Grade) in den Realschulen eine Lebensfrage für die Jugend unsres Volks geworden ist; — da ist doch in der That der Schluss nicht zu umgehen, dass man damit anfangen muss, das zwar aus Nützlichkeitsgründen Wünschenswerthe, aber doch immerhin Entbehrliche abzuschneiden, um für das Nothwendige, Unentbehrliche, jetzt aber Erstickte und Verkümmerte Licht und Luft zu schaffen. Selbstverständlich geht solch' eine Reform nicht vor sich, ohne auf den verschiedensten Seiten liebgewordene und eingewurzelte

Vorurtheile zu verletzen; aber man durchdringe sich nur mit dem ernsten Bewusstsein der unabweislichen Nothwendigkeit, dann wird auch jede Partei zu Opfern bereit sein, welche unerlässlich sind, um der Zukunft unseres Vaterlandes die geistige und körperliche Gesundheit zu retten. Gymnasium und Realschule sind beide nur aus dem einen Grunde unfähig, ihre Schüler mit einer allseitig genügenden allgemeinen Bildung auszustatten, weil sie beide ein Stück Fachbildung für specielle Berufszweige in ihren Lehrplan mit hereinziehen, und zwar die Realschule für technische und mercantile Berufszweige, das Gymnasium für Philologie, Theologie, Jurisprudenz und Studium der alten Geschichte. Um dieser Anticipationen willen vernachlässigen beide das Nothwendige, die harmonische Durchbildung des Geistes nach Maassgabe des Culturniveau's der Gegenwart. Da die Gymnasien historisch die älteren sind, so war es zunächst die an ihnen hervortretende fehlerhafte Einseitigkeit, welche zu einer Ergänzung durch eine ebenso fehlerhafte, wennschon entgegengesetzte Einseitigkeit den Anlass gab. Die Gymnasien konnten sich nicht rechtzeitig entschliessen, sich im Einklang mit dem Geiste der modernen Bildung zu reformiren, d. h. das Lateinische zu beschränken und den Realwissenschaften einen breiteren Raum einzuräumen; sie konnten sich aber deshalb nicht dazu entschliessen, weil die überkommene Tradition der lateinischen Schule und das Beharrungsvermögen des Alten, Bestehenden, stärker war als die anklopfenden Forderungen des modernen Geistes, und weil es aus utilitaristischen Rücksichten inopportun schien, den künftigen Philologen, Theologen, Juristen und Historikern die möglichst gründliche Kenntniss des Lateinischen zu beeinträchtigen. Es war das richtige Gefühl der Gebildeten, dass die lateinischen Schulen sich im Princip überlebt hätten, welches nach höheren Bildungsanstalten mit breiterer Berücksichtigung der Realwissenschaften drängte, und zur Gründung von Realschulen den Anstoss gab.

Viele Eltern wünschten ihre Söhne einer **höheren** allgemeinen Bildung theilhaftig zu machen, auch wenn sie **nicht** die Absicht hatten, dieselben für ein Universitätsstudium zu bestimmen, und für **solche** Schüler wurden die Realschulen errichtet, — aber nicht etwa deshalb, weil die Gymnasien sich zur Vorbereitung für das Universitätsstudium als nicht ausreichend erwiesen hätten. Für die Vorbereitung zu den Fachstudien auf Universitäten haben die Gymnasien bis jetzt **immer** ausgereicht, nur nicht für die Vermittelung einer **allgemeinen** Bildung, wie man sie **neben** seiner Berufsbildung heute von einem gebildeten Manne verlangt. Wenn heute Stimmen laut werden, welche die Gymnasialbildung beispielsweise deshalb für ungenügend für das medicinische Studium erklären, weil sie keine genügenden botanischen und chemisch Keenntnisse verleiht, so ist dem zu entgegnen, dass der Stud. med. **eben deshalb** auf Universität geht, um die moderne Medicin **sammt** den zu ihr gegenwärtig erforderlichen **Hülfs**wissenschaften **zu erlernen**, und dass es baarer Unverstand ist, zu verlangen, dass einer dasjenige **schon mitbringen** soll, behufs dessen **Gewinnung** er eben die Universität oder eine sonstige Fachhochschule bezieht.

Nachdem aber einmal für die Liebhaber höherer Bildung, welche **nicht** die Universität besuchen wollten, Realschulen gegründet waren, war es ganz natürlich, dass diese Anstalten mit allen Kräften auch nach der Berechtigung strebten, ihre Zöglinge zur Universität zu entlassen. Wie leicht ändern sich nicht die Absichten eines jungen Mannes oder seiner Familie, und wie hart muss es nicht erscheinen, den vor Jahren gefassten Beschluss zu einem nahezu unabänderlichen zu machen. Und doch ist die allgemeine Bildung, welche die Realschule verleiht, **noch weit mangel-**

hafter als die des Gymnasiums; denn sie entfernt sich noch viel weiter als dieses von dem Ideal einer allgemeinen Bildungsschule. Die Realschule ist, wie wir sehen werden, ein Monstrum, nicht Fisch noch Vogel, eine principielle Halbheit, und darum in ihrer jetzigen Beschaffenheit die am fehlerhaftesten organisirte Schule, welche der Preussische Staat besitzt. Hiervon hat man in maassgebenden Kreisen ein richtiges Gefühl, und scheut sich deshalb, einer solchen Missgeburt durch Verleihung werthvoller Berechtigungen neue Lebenskraft zuzuführen; aber man sollte dann wenigstens die Reform der Realschule schleunigst in Angriff nehmen, deren Halbheit und Verkehrtheit doch wesentlich der Fehler der Regierung ist, die ihr das Lateinische als Unterrichtsgegenstand aufgezwungen hat.

Gegenwärtig scheint sich glücklicher Weise in höheren Schulkreisen mehr und mehr die Ueberzeugung Bahn zu brechen, dass das Lateinische auf den Realschulen und höheren Bürgerschulen niemals einen Nutzen bringen kann, welcher der darauf verwandten Zeit auch nur annähernd entspräche, und dass die bisher mit dem Latein vergeudete Zeit und Arbeitskraft weit fruchtbarer zu andern Zwecken verwandt werden kann. Es ist immer und immer wieder die verhängnissvolle Tradition der lateinischen Schule, die eine sachgemässe Regelung unsres Schulwesens hindert. Gegenwärtig findet diese Tradition ihre Hauptvertreter merkwürdiger Weise nicht sowohl im Cultusministerium als im Kriegsministerium, welches die Qualification zum einjährig freiwilligen Dienst von der Erlernung zweier fremden Sprachen abhängig macht, also die Mittelschulen zur Beibehaltung des Lateinischen indirect zwingt. Vielleicht liesse sich hier der sachgemässe Ausweg treffen, die Qualification zum einjährig freiwilligen Dienst von derjenigen zum Landwehrofficier zu trennen, und nur für letztere die Forderung zweier fremder Sprachen festzuhalten.

Ehe nicht die höheren Bürgerschulen von dieser unglückseligen Ruine der Schule des Mittelalters entlastet sind, kann unser Schulwesen nicht principiell geordnet werden. Von dieser Befreiung allein hängt ein rapides Emporschiessen von Mittelschulen ab, welche dann alle jene Schüler aus den unteren und mittleren Classen höherer Schulen an sich ziehen würden, welche diese jetzt nur zu dem Zweck besuchen, um ein Berechtigungszeugniss zu erlangen, welche dort die Classen überfüllt machen und wie ein Bleigewicht den rascheren Fortschritt der andern, die höhere Schule ganz absolvirenden Schüler hemmen. Ehe wiederum diese Entlastung von einem den höheren Schulen durch eine falsche Politik aufgehalsten Ballast eigentlicher Mittelschüler stattgefunden hat, wird eine kräftig durchgreifende Reform der höheren Schulen immer auf die grössten Schwierigkeiten stossen.

Erst die von dem (in solcher Halbheit völlig werthlosen) Latein befreite Mittelschule kann die Aufgabe einer harmonischen mittleren Geistesbildung erfüllen. Sie ist aber auch mit einem Schlage die Lösung für die Schule des weiblichen Geschlechts. Die Schulbildung der Mädchen hat nicht drei Stufen wie die der Knaben, sondern nur zwei, nämlich Volksschule und Mittelschule. Auf beiden Stufen sind die Bildungsziele für beide Geschlechter identisch, und die Unterrichtsbehandlung wenigstens annähernd die gleiche. Es ist nach Durchführung dieser Reform immerhin zu erwägen, ob nicht das amerikanische System, die Geschlechter in der Volksschule und den unteren und mittleren Classen der Mittelschule zu vereinigen, überwiegende Vortheile bietet. — Die dritte Stufe der höheren Schule gleichfalls auf das Gebiet der Mädchenerziehung zu übertragen, hätte keinen Sinn; dagegen ist bei den höheren Töchterschulen (welche den höheren Bürgerschulen, d. h. Mittelschulen der Knaben entsprechen) für die Möglichkeit weiterer Ausbildung durch Anreihung einer 1—3jährigen Selecta zu sorgen. Hier müssen aber ganz andere Bildungsziele gesteckt werden als in Secunda und Prima der Gymnasien und Realschulen, und muss auf das weibliche Geschlecht in diesem Entwickelungsstadium mit ganz andern Mitteln gewirkt werden. Vor Ueberschätzung der neueren Sprachen und der Naturwissenschaften ist hier zu warnen, dagegen der Schwerpunkt auf ästhetische, literargeschichtliche, kunstgeschichtliche und culturhistorische Bildung zu legen. Denn die weibliche Erziehung muss sich weniger auf den Verstand, als auf Gefühl und Geschmack stützen; das Gefühl muss mehr in der Familie gebildet werden, also bleibt der Schule kaum ein anderes Bildungsobject als der Geschmack oder der ästhetische Sinn übrig.

Es liesse sich nun vielleicht fragen, ob man bei den oben dargelegten Schwierigkeiten der Erlangung einer höheren allgemeinen Bildung nicht etwa lieber ganz auf eine solche verzichten und sich mit einer Verbindung von mittlerer allgemeiner und höherer Fach-Bildung begnügen solle; in diesem Falle würde die Gabelung der höheren Schule in Gymnasium und Realschule völlig gerechtfertigt sein, und es sogar rathsam scheinen müssen, in dieser Gabelung noch weiter zu gehen, also Gymnasien speciell für Theologen, Juristen etc., Realschulen speciell für Mediciner, für Kaufleute, für Bergleute u. s. w. zu errichten. Verzichtet man einmal principiell auf höhere allgemeine Bildung, so kann es allerdings nicht schwer halten, die Fachstudien in noch weit umfassenderem Maasse als bisher auf der Schule vorzubereiten.

Aber wer wird im Ernst einen solchen Standpunkt vertreten wollen? Es ist ja keine Frage, dass ein tüchtiger Charakter, der nur eine mittlere Schulbildung und ausserdem seine specielle Fachbildung sich zu eigen gemacht hat, nicht bloss ein sehr achtungswerthes und nützliches Mitglied der Gesellschaft sein wird, sondern dass er auch bei guten natürlichen Anlagen und einiger literarischer Selbstbildung selbst dem Höchstgebildeten einen anregenden und auf die Dauer befriedigenden Umgang gewähren kann; — aber die ungeschmälerte Anerkennung des sittlichen, intellectuellen und national-ökonomischen Menschenwerths bei auch nur mittlerer Bildungsstufe kann doch niemals ein Vorwand werden, um auf die Darbietung der Gelegenheit zur Erwerbung höherer allgemeiner Bildung für die obersten Schichten einer grossen Culturnation zu verzichten.

Nach meiner innersten Ueberzeugung ruht die Zukunft der deutschen Geistescultur in erster Reihe auf den Schultern der höheren Schule, denn aus ihr müssen der Regel nach die geistigen Culturträger hervorgehen, von deren Durchschnittsbeschaffenheit der Fortschritt oder Rückgang der nationalen Cultur abhängt. Früher waren die Universitäten der entscheidende Factor in dieser Hinsicht; aber wenngleich sie noch immer von grösstem Einfluss sind, so hat doch die Entstehung eines hochgebildeten Kaufmanns- und Beamten-, Techniker- und Officierstandes, der nicht die Universität besucht hat, so wie das Heranwachsen der Literatur zu einer von den Universitäten unabhängigen Macht den Schwerpunkt der nationalen Bildung gegen früher beträchtlich verschoben. Ausserdem wird man aber auch bereitwillig zugeben, dass heute mehr als je die Leistungsfähigkeit der Universitäten abhängig ist von dem Grade der formellen geistigen Ausbildung und Reife, mit dem die Schule ihre Zöglinge zur Universität entlässt. Die Stufe der nationalen Cultur ist in der That durch das geistige Niveau der höchstgebildeten Stände, und keineswegs durch den Procentsatz der Recruten, die lesen und schreiben können, bedingt; jenes Niveau aber hängt zu allermeist von der Art und Weise ab, wie die höheren Schulen der Nation ihre Aufgabe, eine höhere allgemeine Bildung zu vermitteln, zu lösen vermögen. Und darum eben ist die Frage der Reform unseres höheren Schulwesens eine Frage von so unüberschätzbarer Wichtigkeit für die Zukunft des deutschen Volkes und seine Betheiligung an den weiteren Culturaufgaben der Menschheit.

Die Realschule erster Ordnung erhebt nun ausdrücklich den Anspruch, eine **höhere Schule in demselben** Sinne wie das Gymnasium zu sein, und die Erläuterungen zu der Unterrichtsordnung der Realschulen (Centralbl. für die ges. Unterrichtsverwaltung 1859 No. 11) stellen gleichfalls ausdrücklich diesen Gesichtspunkt als maassgebend für die Organisation derselben auf, indem sie sagen (S. 647): „Für ihre Einrichtungen ist daher **nicht das nächste Bedürfniss des praktischen Lebens maassgebend**, sondern der Zweck, bei der diesen Schulen anvertrauten Jugend das **geistige Vermögen** zu derjenigen **Entwickelung** zu bringen, welche die nothwendige Voraussetzung einer freien und selbstständigen Entlassung des späteren Lebensberufs bildet. Sie sind **keine Fachschulen**, sondern haben es, **wie das Gymnasium**, mit **allgemeinen** Bildungsmitteln und grundlegenden Kenntnissen zu thun."

Es ist nun aber ausser allem Zweifel, dass an vielen Orten Realschulen erster Ordnung errichtet worden sind, wo thatsächlich nur das Bedürfniss nach Mittelschulen (oder aber nach einer Combination von Mittelschule und Handels- oder Gewerbeschule) vorlag, und dass viele thatsächlich dem örtlichen Bedürfniss genügende Mittelschulen (d. h. höhere Bürgerschulen oder Realschulen zweiter Ordnung) krampfhaft bemüht sind, durch Ansatz einer Prima sich zur Realschule erster Ordnung emporzuschwingen. Solche Prima ist alsdann ganz spärlich mit Schülern und meist unzulänglich mit Lehrkräften versehen, und fristet so ein kümmerliches und unnatürliches Dasein; aber Director und Lehrer, Magistrat und Bürgergemeinde schmunzeln befriedigt über den glücklich errungenen Besitz ihrer Realschule erster Ordnung. In solchen Fällen wäre strenger darauf zu halten, dass das Bedürfniss einer Mittelschule nicht künstlich über seine Grenzen aufgebauscht wird. Die Neigung dazu wird sich jedenfalls vermindern, wenn das Lateinische aus Realschulen und Mittelschulen entfernt wird, und wenn eine Revision des Berechtigungswesens in dem Sinne eintritt, dass verschiedene Berechtigungen, welche jetzt nur den (mit Latein versehenen) Realschulen zustehen, in gleicher Weise auch den Handels- und Gewerbeschulen (ohne Latein) mit neunjährigem Cursus zuertheilt werden. Es wird dann manche kleine Stadt froh sein, statt einer Mangelhaftes leistenden Realschule eine tüchtige Bürgerschule zu bekommen, die nach Bedürfniss zugleich mit einer Handels- und Gewerbeschule verbunden sein kann.

Anders liegt die Sache bei solchen Realschulen, welche wirklich einem örtlichen Bedürfniss nach einer **höheren** Schulanstalt im eigentlichen Sinne des Worts entsprechen. Hier würde ein Zurückdrücken auf die Stufe der Mittelschule oder combinirten Mittel- und Fachschule dem Bedürfniss widersprechen; hier bleibt also nur übrig, die Anstalt zu einer solchen Organisation umzugestalten, durch welche sie befähigt wird, ihr wirkliches Ziel, die Vermittlung einer höheren allgemeinen Bildung, zu erreichen. Dasselbe gilt für die Gymnasien, bei denen man wohl annehmen darf, dass sie überall einem Bedürfniss nach höherer allgemeiner Bildung entsprechen.

Weder Gymnasium noch Realschule lösen die Aufgabe, welche an die höhere Schule der Gegenwart gestellt werden muss, und zwar schiessen beide auf verschiedenen Seiten an dem Ziele vorbei, wobei gleich hier constatirt werden soll, dass das Gymnasium dem Ziele immer noch näher kommt, als die Realschule. Der Normalschulplan für die ihrer Aufgabe gewachsene Schule wird demnach zwischen Gymnasium und Realschule, aber immerhin näher an dem Schulplan des ersteren als an dem der letzteren gesucht werden müssen. Beide Schulpläne fallen für Sexta und Quinta zusammen; erst von Quarta ab beginnt die Bifurcation. So lange wir die Zahl von 30 Wochenstunden unsern Erörterungen zu Grunde legen, wollen wir deshalb diesen identischen Lectionsplan für Sexta und Quinta unangetastet lassen, der sogar in einigen Anstalten (z. B. dem Friedrich-Gymnasium und -Realschule zu Berlin) in der glücklichen Weise realisirt ist, dass die schwierige Wahl zwischen Gymnasium und Realschule wenigstens bis zum Eintritt in die Quarta verschoben bleiben kann.

So lange die Anticipation künftiger Berufsbildung aus Utilitätsrücksichten ein eingestandener oder uneingestandener Bestimmungsgrund für die Organisation der höheren Schulen ist, so lange ist es ganz folgerichtig, dass spätestens von Quarta ab eine Verschiedenheit des Lehrplans je nach dem künftigen Beruf eintreten muss, und ist nur zu verwundern, dass diese Gabelung bisher in der Praxis noch nicht weiter als bis zur Zweitheilung geführt hat. Von dem Augenblick an aber, wo das rein humanistische Princip unter totaler Verwerfung des utilitaristischen als Feldzeichen der Reform erhoben, und alle anticipirte Berufsbildung unerbittlich ausgestossen wird, verschwindet jeder Grund, warum es mehr als Eine Art von höheren Schulen geben solle. Das Ziel, die Mittheilung höherer allgemeiner Bildung, ist ja nunmehr für alle höheren Schulen ein und dasselbe, und für die Organisation der Schule darf keine andre Rücksicht mehr mitbestimmend sein, als die, wie dieses eine Ziel auf die möglichst vollkommene und einfache Art und Weise erreicht werden könne. Die beste Methode von allen, um zu allgemeiner Bildung zu gelangen, kann aber nur **Eine** sein, und diesen Einen besten Weg müssen **alle** höheren Schulen einschlagen. Es giebt **nicht zweierlei Sorten von allgemeiner Bildung**, die sich im Leben ergänzen, wie man die Vertheidiger der Realschule wohl gelegentlich faseln hört, denn eine Bildung, die erst der **Ergänzung** durch eine andere Sorte braucht, zeigt eben damit, dass sie keine allgemeine Bildung ist, d. h. dass sie **nothwendige Bestandtheile** von dem Bildungsideal des deutschen Mannes **ausser sich lässt**. Schuster und Schneider, Gelehrte und Künstler können sich in ihren verschiedenen **Berufsleistungen** für den Gesammtzweck der menschlichen Gesellschaft er gänzen, Mann und Weib können sich in ihren psychologischen **Geschlechts-Differenzen** zum vollen Menschheitsideal ergänzen; aber **zwei Männer** von gleicher Bildungsstufe und **abgesehen** von der speciellen Fachbildung ihres Berufs können sich als blosse gebildete Menschen **nicht ergänzen**, — es muss eben Jeder für sich ein **ganzer Mann** sein, oder seine **Halbheit bleibt ewig unergänzbar**.

Wir werden also die Reform der Gymnasien und der Realschulen (soweit dieselben begründeten örtlichen Anspruch haben, höhere Schulen zu bleiben) **gleichzeitig** dadurch erledigen, dass wir untersuchen, **welche Unterrichtsgegenstände** und **in welchem Grade** dieselben zur Erlangung einer höheren allgemeinen Bildung erforderlich sind, und so einen **Normalschulplan** für die einheitliche höhere Schule entwerfen. Bei diesen Bestimmungen müssen natürlich die an Gymnasien und Realschulen gemachten Erfahrungen als Grundlage der Erörterung genommen werden. Der Realschulplan, den ich zum Vergleich heranziehe, ist der Normallehrplan der Realschule (Centralbl. 1859 No. 10, S. 582), der des Gymnasiums entspricht den bei den besten

Berliner Gymnasien im Gebrauch befindlichen Einrichtungen. Die Einheitsschule, die zwischen Gymnasium und Realschule steht, will ich „Realgymnasium" benennen, weil eine passendere Bezeichnung mir nicht beifällt, und weil dieselbe thatsächlich diejenigen berechtigten Ansprüche auf allgemeine Bildung gleichzeitig befriedigen soll, welcher bisher nur theilweise auf dem Gymnasium und theilweise auf der Realschule genügt werden konnte.

III. Die erste Stufe der Reform:
Das Real-Gymnasium mit 30 Wochenstunden.

a. Kleinere Unterrichtsgegenstände.

Im Religionsunterricht stimmt der Schulplan des Gymnasiums und der der Realschule völlig überein, daher hierüber an dieser Stelle nichts zu bemerken nöthig ist. Für Geographie und Geschichte besteht die ganze Abweichung zwischen beiden darin, dass die Realschule in Quarta und Tertia eine Stunde mehr angesetzt hat. Da aber der Realschulplan in beiden Classen 34 obligatorische Stunden gegen 32 im Gymnasialplan enthält, so wird es rathsam sein, sich hier gleichfalls wie in den oberen Classen mit 3 Stunden zu begnügen. Es ist nicht sowohl eine zu geringe Stundenzahl, was den geographisch-historischen Unterricht auf dem Gymnasium oft genug nicht recht fruchtbar werden lässt, als der geringe Werth, der ihm im Verhältniss zu dem dort so sehr überschätzten Latein beigelegt wird.

Der technische Unterricht ist in seinem Werth für die Ausbildung des ganzen Menschen nicht zu unterschätzen, aber es wird kaum jemand bestreiten wollen, dass seine Wichtigkeit hinter dem wissenschaftlichen Unterricht beträchtlich zurücksteht, und dass, wenn die Nothwendigkeit gebietet, die Stundenzahl der gegenwärtig üblichen Lehrpläne zu verringern, man von vornherein zu der Meinung hinneigen sollte, dass eine Streichung am technischen Unterricht der mittleren und höheren Classen die relativ geringere Beeinträchtigung des Gesammtresultats der Schule herbeiführen würde. Für das Schreiben ist diess bereits allgemein anerkannt; der Unterricht in diesem Gegenstande schliesst in der Realschule mit Quarta, auf dem Gymnasium mit Quinta. Da man noch nicht darüber klagen gehört hat, dass die Handschrift der Gymnasiasten im Durchschnitt schlechter sei als die der Realschüler, so wird die Einrichtung des Gymnasiums festzuhalten sein, um Stunden zu sparen.

Zeichnen und Gesang sind fast ebenso nothwendig wie Schreiben für die Classen der Vorschule und die beiden untersten Classen der höheren Schule, sie sind aber auch fast ebenso überflüssig wie jenes für die mittleren und höheren Classen. Im Zeichnen erschöpft sich die Aufgabe des Schulunterrichts mit der Aneignung einer gewissen Geschicklichkeit im Gebrauch der Hand und einer systematischen Unterstützung der Kunst, zu sehen, — im Gesang mit der Einübung mehrstimmiger geistlicher und weltlicher Volksgesänge. Diese Aufgaben können bis Quinta vollständig gelöst werden; mehr als diess zu leisten, ist auch bei jahrelang fortgesetztem Unterricht für die Schule sehr schwierig, weil eine weitere Ausbildung in den Künsten eine weit grössere Liebe der Schüler zur Sache und eine weit eingehendere Beschäftigung des Lehrers mit dem Einzelnen erheischt, als bei einem obligatorischen Unterricht in grösseren Classen möglich ist. Dazu kommt, dass für den Zeichenunterricht im höheren Sinne die Schullocalitäten ganz ungeeignet sind, z. B. Modelle, selbst wo solche vorhanden sind, nicht in gehöriger Entfernung und passender Beleuchtung für die Zeichner aufgestellt werden können, und dass der Gesangunterricht auch in den höheren Schulclassen doch seiner Natur nach auf Chorgesang beschränkt bleibt, der niemals im Stande ist, eine musikalische oder auch nur gesangliche Bildung zu vermitteln. Der Schulchor hat wesentlich nur den Zweck, die Schulfeste feierlicher zu machen, und dafür ist denn doch der obligatorische Gesangunterricht ein zu theurer Preis; diese Stunden, die entweder nach Absolvirung der Schulzeit des Tages noch ausgehalten werden müssen, oder im Sommer des Morgens den Schlaf der Kinder verkürzen, sind für den Schüler nur eine Marter mehr zu so vielen andern, und bleiben ihm für's Leben eine bittre Erinnerung, weil er sich der Unfruchtbarkeit seiner Freiheitsverkürzung völlig bewusst ist. Der Schulchor wird wesentlich von solchen Schülern musikalisch getragen, die durch häuslichen Musikunterricht bereits einige musikalische Sicherheit erworben haben; heisst es aber nicht ein schweres Unrecht an diesen Knaben begehen, wenn die Schule dieselben, obwohl für ihre musikalische Ausbildung schon anderweitig gesorgt ist, zu Zwecken ihrer Eitelkeit missbraucht? Diese Knaben dienen als Leithämmel, denen die übrigen blindlings folgen, und dieser Umstand verhindert grade die Erwerbung einer musikalischen Bildung, so weit sie sogar durch Chorgesang noch möglich ist. Um den Chor zu füllen, werden die musikalisch Unbegabten und mit schlechter Singstimme Versehenen bei Weitem nicht sorgfältig genug ausgeschieden, und am allerwenigsten die nöthige Rücksicht auf die Schonung der im Stimmbruch Befindlichen geübt. Theilweise entziehen sich auch diese Rücksichten der Beurtheilung des Gesanglehrers, während sie derjenigen der Eltern offen liegen, und würde dieser Grund allein genügen, um den Eltern die Entscheidung anheimzugeben, ob ihre Kinder von Quarta an noch am Gesangunterricht theilnehmen sollen. Die musikalisch Unbegabten und die von der Natur mit schlechter Stimme Ausgerüsteten haben so wie so keinen Nutzen und keine Freude davon; die Begabten aber werden wiederum eine ungleich bessere musikalische Ausbildung durch Privatunterricht empfangen, in welchem der Lehrer sich ihnen persönlich widmen kann. Auch werden die Eltern weit häufiger, als jetzt im Durchschnitt geschieht, ihre Kinder privatim in der Musik unterrichten lassen, sobald nur erst die Schule aufhört, so ungebührliche Ansprüche an die Kinder zu stellen, dass jeder gewissenhafte Vater ernstlich mit sich zu Rathe gehen muss, ob er es auch verantworten kann, den Jungen obenein noch mit Privatstunden zu quälen.

Ganz dasselbe gilt für den Zeichenunterricht. Im **freien Handzeichnen** kann aus den angegebenen Gründen doch nichts Rechtes geleistet werden, ausser von Schülern, die entweder Privatzeichenunterricht haben, oder ungewöhnlich begabt sind. Wer den Unterschied des Geistes in der Arbeit in einem Maleratelier, wo Zeichenunterricht ertheilt wird, und in einem Schulzeichensaal kennen gelernt hat, der wird mir beipflichten, dass es Pflicht der Schule ist, die Eltern darüber aufzuklären, dass sie auch nach dieser Richtung ihre talentvollen Kinder, **wenn irgend möglich, privatim** unterrichten lassen sollen; die Schule aber muss **die Zeit dazu freigeben**. Auch das ist zu beachten, dass nur **eine** Körperhaltung beim Zeichnen **nicht** gesundheitsschädlich wirkt, das ist die vor der **Staffelei**, welche die Schule nicht bieten kann. Alle Arten von **technischem** Zeichnen müssen als unzulässige Anticipationen künftiger Berufsbildung aus der Schule unbedingt ausgeschlossen werden. Hierzu gehört z. B. die in der Prima der Realschule angesetzte Stunde für geometrisches Constructionszeichnen. Mathematisch gebildete Schüler werden dasselbe auf ihrer eventuellen Berufsbildungsanstalt mit grösster Leichtigkeit sich aneignen und die Schattenconstructionen sind eine sogar technisch werthlose, unnütze Spielerei und Quälerei.

Es geht hieraus hervor, dass der Gesang- und Zeichen-

Unterricht in den mittleren und oberen Classen nur als ein höchst dürftiges Surrogat für künstlerische Ausbildung durch Privatunterricht angesehen werden kann, und dass er deshalb eine Berechtigung höchstens als facultativer Unterrichtsgegenstand beanspruchen kann, nämlich für die Kinder solcher Eltern, welche Privatunterricht aus finanziellen oder örtlichen Gründen nicht ermöglichen können, und doch auf irgend welchen Unterricht nach dieser Richtung besonderen Werth legen.

Die Umwandlung eines Unterrichtsgegenstandes aus einem obligatorischen in einen facultativen bringt überhaupt schon den grossen Vortheil mit sich, dass es in die Hand der Eltern gelegt wird, zu beurtheilen, ob ihr so und so veranlagtes und mit dem und dem Grade von allgemeiner Leistungsfähigkeit ausgestattetes Kind mit diesen Stunden auch noch gequält werden soll oder nicht. Es wird dadurch die Schablone des allgemeinen Zwanges zu Gunsten der Berücksichtigung der Individualität durch die am besten mit ihr vertrauten Eltern durchbrochen. Es wird eine Erleichterung der Last der Schule wenigstens für den Durchschnitt herbeigeführt, wenn auch für einzelne Schüler die Last dieselbe bleibt. Je mehr Gegenstände aus obligatorischen in facultative umgewandelt werden, desto mehr steigt die Wahrscheinlichkeit, dass jeder Knabe durch seine Eltern wenigstens von einigen derselben befreit wird, also im Ganzen eine Erleichterung gewinnt. Jetzt tritt bei manchen Stunden erst dann Dispensation ein, wenn der Arzt bescheinigt, dass die Gesundheit des Kindes bereits gelitten hat; d. h. unsre heutige pädagogische Weisheit deckt den Brunnen erst zu, nachdem das Kind hineingefallen ist, anstatt den Eltern zu gestatten, dass sie das Kind vor der Gefahr zurückhalten.

Es ist streng darauf zu halten, dass aller facultative Unterricht, so lange an 30 obligatorischen Wochenstunden festgehalten wird, ausschliesslich auf die Nachmittage verlegt werde, damit diejenigen Schüler, welche nur den obligatorischen Unterricht besuchen, auf keinen Fall genöthigt werden, den Weg zur Schule zweimal an einem Tage zu machen. Selbsverständlich muss dann der facultative Unterricht immer nur in Doppelstunden ertheilt werden, damit die an demselben Theilnehmenden nicht etwa nöthig haben, den Weg zur Schule wegen einer einzigen Unterrichtsstunde zurückzulegen. Beim Zeichnen trifft diess mit den Anforderungen des Gegenstandes zusammen, da eine Zeichenstunde für sich allein die Vorbereitungen nicht lohnt. Bei Sprachen steht dieser Forderung gleichfalls kein Bedenken im Wege. Beim Gesangunterricht wird das abwechselnde Ueben der verschiedenen Stimmen und das Einflechten theoretischer und musikgeschichtlicher Excurse ebenso ohne Anstrengung des einzelnen Stimmorgans über mehrere Stunden hinweghelfen wie bei Gesangvereinen. Ueberhaupt wäre es sehr in Erwägung zu ziehen, ob es nicht in jeder Hinsicht vortheilhaft wäre, solche Nachmittagszusammenkünfte zum Chorgesang mehr und mehr von dem Charakter des Schulunterrichts zu entkleiden und in Zusammenkünfte freier Schulgesangvereine umzugestalten.

b. Mathematik und Naturwissenschaften.

In Betreff der Mathematik werden wir den gewöhnlichen Rechenunterricht der unteren Classen von dem eigentlich mathematischen der mittleren und oberen zu sondern haben. Das gewöhnliche Rechnen kann einen besonderen pädagogischen Bildungswerth nicht beanspruchen, ausser insoweit es eine Dressur in der Fertigkeit schneller mechanischer Begriffsassociationen hervorbringt; für Bildung der Denkfähigkeit, für welche die Mathematik so wichtig ist, leistet es wenig oder nichts. Eine praktische Fertigkeit, wirklich schnell zu rechnen, ohne sich zu verrechnen, ist ohnehin nur durch dauernde Uebung in einem Beruf zu erwerben, und gehört weder zur allgemeinen Bildung (selbst den bedeutendsten Mathematikern geht sie häufig ab), noch kann sie in der einen Stunde erzielt werden, welche die Sexta und Quinta der Realschule mehr als die des Gymnasiums bieten. Wir werden daher vier Stunden in Sexta und drei in Quinta für genügend erachten, wie diess auch da geschieht, wo die Gymnasial- und Realunterclassen vereinigt sind. In Quarta sind auch auf der Realschule nur drei Rechenstunden angesetzt, ausserdem aber drei für Geometrie bestimmt. Ich meine aber, dass bei der durchschnittlich stets zunehmenden Jugend der Schüler in jeder Classe die Mathematik als solche frühestens in Tertia beginnen darf. Die unteren Classen müssen mit Rücksicht auf das Lebensalter der Schüler noch das Gedächtniss als Hauptvehikel des Lernens betrachten, da eine zu frühe Inanspruchnahme des logischen Verstandes die Kinder nur altklug macht.

Für die mittleren und oberen Classen ist allerdings die Mathematik eines der wichtigsten formalen Bildungsmittel, welches die Schule überhaupt besitzt, aber dennoch muss selbst hier vor Ueberschätzung derselben gewarnt werden. Die Beschränkung ihres Werths liegt in ihrer Einseitigkeit; sie ist die Lehre von den formalen Beziehungen auf dem Gebiete einer einzigen Kategorie: der Quantität. Alles, was nicht in diese Kategorie hineingepfropft werden kann, und jegliches, insoweit es nicht in sie hineingeht, ist dem Bereich des mathematischen Denkens verschlossen, und für alles Solches nützt die bloss mathematische Schulung des Geistes nichts. Innerhalb ihres Rahmens indessen ist der Nutzen der Mathematik unermesslich, — nur darf man nicht die mit dem Gedächtniss aufgefasste, mechanisch angedrillte Fertigkeit in Lösung mathematischer Aufgaben nach bekannter Schablone „mathematische Bildung" nennen. Leider bringt es das Wesen des Classenunterrichts und der Prüfungen mit sich, dass über der Bemühung, solche äusserlich aufzeigbare Resultate zu erzielen, nur zu häufig der pädagogische Nutzen der Einführung in die mathematische Methode und ihre von nichts Anderm erreichbare logische Strenge und Gradlinigkeit gegen die äusserliche Dressur der Schüler auf Aufgabenlösung und Auswendiglernen von Lehrsätzen und Beweisen hintangesetzt wird. Die Aufforderung hierzu liegt für den Lehrer um so näher, als thatsächlich nur etwa ein Drittel der Söhne gebildeter Eltern eine specifische Befähigung für das Verständniss der Eigenthümlichkeit der mathematischen Methode mitbringt (von diesen wieder nur etwa ein Zehntel eine solche für höhere Mathematik). Eine solche Thatsache muss um so mehr davon abschrecken, der Mathematik einen zu breiten Raum im Lehrplan der Schule einzuräumen.

Die Realschule und das Gymnasium haben in der Mathematik gleiche Pensa an Lehrstoff zu bewältigen; die Realschule soll nicht **weiter** führen, sondern nur **gründlicher** unterrichten. Nun sind aber nach den Erfahrungen der Gymnasien vier Stunden wöchentlich in Prima und Secunda vollständig ausreichend, um eine gründliche Durcharbeitung des Pensums zu gestatten, und die fünfte Stunde der Realschule kommt in der That nur einer gesteigerten Dressur in der Aufgabenlösung zu Gute, welche nicht von allgemeinem Bildungswerthe, sondern höchstens von praktischem Vortheil für künftige Berufsbildung ist. Obwohl mehrere Berliner Gymnasien nicht einmal in Secunda vier Stunden Mathematik haben, so merkt man doch zwischen ihren Abiturienten und denen der Berliner Realschulen keinen wesentlichen Unterschied in der Schulung des mathematischen Denkens, sondern nur einen solchen in der Sicherheit des mathematischen **Wissens** und der mathematischen **Fertigkeit**. In der Provinz aber fehlt es zum Theil noch an tüchtigen Lehrern der Mathematik, und obenein kommen viele Gymnasiasten mit unsicherer Vorbildung in den Elementen in die Secunda und Prima, weil in Tertia nur drei Stunden angesetzt sind und nicht genug Werth auf den Gegenstand bei der Versetzung gelegt wird. Nehmen wir aber für Tertia, Secunda und Prima durchweg vier mathematische Stunden an, so ist damit das Bedürfniss der allgemeinen Bildung so überreichlich gedeckt, dass sehr wohl noch in Secunda die Elemente der Mechanik mitbehandelt werden können, so wie überhaupt durch passende Wahl der Aufgaben der Physikunterricht sehr unterstützt werden kann. Diess geschieht schon jetzt namentlich in den Gymnasien, wo in Secunda eine der beiden Physikstunden noch der Mathematik überwiesen wird.

Gehen wir nun zu den Naturwissenschaften über, so ist zunächst zu beachten, dass ein Theil derselben, nämlich die in's mathematische Gebiet einschlagenden Theile der Physik, dort Berücksichtigung finden, während die Grundzüge der mathematischen Geographie und Astronomie im geographischen Unterricht eingeschlossen sind. Für die eigentliche Physik als Wissenschaft der Naturgesetze sind sowohl auf der Realschule als auf dem Gymnasium zwei Stunden in Secunda und Prima angesetzt, ausserdem jedoch auf der Realschule noch zwei Stunden für Chemie und zwei Stunden für Naturgeschichte. Nun ist aber die Physik die einzige der Naturwissenschaften, welche sich bereits aus dem Standpunkte der Naturkunde zum grossen Theil zu einer wirklichen Wissenschaft durchgearbeitet hat, indem der causale Zusammenhang der Erscheinungen als durch ein System unabänderlicher Naturgesetze bestimmt erkannt worden ist, und diese Gesetze selbst wieder in ihrer logischen Abhängigkeit von einander und in ihrer Deducirbarkeit aus mathematisch-mechanischen Principien begriffen worden sind. Wir haben eine Theorie des Lichts, eine Theorie des Schalls, eine Theorie der Winde und eine der Gase in Bezug auf die durch die Wärme verursachten Molecularbewegungen in denselben, aber wir haben noch keine Theorie der Chemie, noch keine Theorie der Krystallisation, und bei den Disciplinen der Naturkunde kann überhaupt von Theorie gar keine Rede sein, weil es sich nur um Beschreibung, Nomenclatur und künstlich schematisirte Ordnung des vorgefundenen Materials, aber nicht im Geringsten um Verständniss irgend welchen Causalzusammenhangs handelt. „Kunde" ist eben nur ein Sammelsurium von Kenntnissen, aber keine Wissenschaft, und die sogenannte Wissenschaftlichkeit in einer solchen „Kunde" besteht nur in den mehr oder minder verständigen, aber immer willkürlichen Kriterien der Classification.

Die Leute, welche Naturkunde zum Lebensberuf erwählt haben, sind natürlich empört über solche sachgemässe Auffassung; das Schlimmste aber ist, dass sie als Lehrer diesen himmelweiten Unterschied zwischen Kunde und Wissenschaft dem Schüler häufig nicht einmal zum Bewusstsein bringen, sondern eher zu vertuschen bemüht sind und dadurch seinen Verstand geradezu corrumpiren, indem sie die natürliche Neigung der Jugend auf gedächtnissmässige Auffassung des rein Thatsächlichen bestärken und sie dazu bringen, auch in der Physik nur das was Kunde, nicht das was Wissenschaft darin ist, zu erkennen und sich als das Wesentliche anzueignen.

Dazu kommt noch eine ganz bedenkliche pädagogische Erfahrung, welche diese Bemerkung in extremer Weise bestätigt: die Naturkunde absorbirt das Interesse vieler Schüler in so hohem Masse, dass nach dem Gesetz der individuell beschränkten Aufmerksamkeitssumme nur Zerstreutheit und Gedankenlosigkeit für die wichtigeren Gegenstände des Schulunterrichts übrig bleibt, und der Gesammtzweck der

Schule dadurch schwer geschädigt wird. Die Knaben bekommen eine leidenschaftliche Sammelwuth auf Steine, Pflanzen, Käfer u. s. w., so wie andere sie für Briefmarken, Münzen, Wappen u. dgl. haben; erstere ist aber viel gefährlicher, weil sie durch den Unterricht beständig neue Nahrung erhält und die Gegenstände an sich viel interessanter sind. All der in der Naturkunde zugeführte Stoff hat aber als solcher schlechterdings gar keinen allgemeinen Bildungswerth; es ist absolut gleichgültig, ob der Abiturient Schierling und Camille kennt oder nicht, — wenn er Apotheker werden will, wird er es eben so schnell lernen wie der auf Avancement Soldat werdende den Unterschied von Vierpfünder und Sechspfünder lernen wird.

Die Naturkunde wird mittelst einer wunderbaren Wortverdrehung Naturgeschichte genannt; den Begriff einer Geschichte der Natur in Bezug auf ihre komische, tellurische und biologische Entwicklung zu lehren, halte ich für einen unerlässlichen Bestandtheil der allgemeinen Bildung; aber davon weiss bis jetzt unsre Schule nichts, denn sie behandelt Mineralogie und Geognosie unter Ausschluss der Geologie (als der Entwicklungsgeschichte der Erde), und ebenso treibt sie Zoologie und Botanik unter Ausschluss der Abstammungslehre, welche erst den causalen genetischen Zusammenhang in das Material der vergleichenden Organismenkunde bringt. Was noth thut, ist eine direkte Umkehrung dieses Verfahrens: die Naturkunde als solche ist für den Schüler ein absolut werthloses todtes Wissen, aber die Einführung in die Auffassung der Natur als Entwicklungsgeschichte ist dringendes Bedürfniss für die moderne Bildung, weil erst so die Stellung des Menschen in der Natur richtig verstanden werden kann.

Die Chemie steht ebenfalls in einem Uebergangsstadium von der Kunde zur Wissenschaft. Sie hat den Vortheil, wie die Physik mit dem Experiment arbeiten zu können, aber das Verständniss des bei dem Experimente Vorgehenden bleibt hier doch ein rein äusserliches Constatiren eines Causalzusammenhangs mit Abstraction empirischer Gesetze. Das theoretische Eindringen in die inneren Vorgänge ist uns bis jetzt versagt, wenngleich in allerneuester Zeit durch das Studium der Verbindungswärmen hoffnungsvolle Handhaben geboten sind. Es giebt kaum einen interessanteren Zweig der Naturwissenschaft für denjenigen, der den Genuss empfinden will, die Wissenschaft in ihrem Werden zu belauschen, — diess muss aber von der Schule unerbittlich ausgeschlossen bleiben, da die primitivste pädagogische Weisheit verlangt, dass nur reife und fertige Resultate dem Schüler zu seiner allgemeinen Bildung mitgetheilt werden. Was soll man nun zu einer Wissenschaft sagen, bei welcher, wie bei der anorganischen Chemie, selbst die nächste Deutung des überwältigend reichen Erscheinungsmaterials noch so sehr im Argen liegt, dass dem Schüler jede Formel in zwei Schreibweisen mitgetheilt werden muss, welche zwei einander entgegengesetzten Anschauungsweisen entsprechen? Heisst die eingehende Behandlung eines solchen Lehrobjects auf der Realschule nicht allen gesunden pädagogischen Grundsätzen Hohn sprechen? Und weshalb das? Doch nur um des praktischen Nutzens willen für den kleinen Theil der Abiturienten, die Techniker oder Apotheker werden, während die grosse Mehrzahl der Post- und Telegraphenbeamten, Kaufleute, Banquiers, Soldaten, Bauakademiker, Künstler u. s. w. nicht einmal einen praktischen Gebrauch von den erworbenen Kenntnissen machen kann!

Die Bedeutung des Experiments und der daraus abgeleiteten Induction ist ebenso gut und noch besser an der Physik zu lernen; die mathematische Deduction von

Naturgesetzen und die gesammte naturwissenschaftliche Weltanschauung ist nur und ausschliesslich an der Physik zu gewinnen, und kann letztere erst von dieser aus für die Gesammtheit der Natur generalisirt werden. Zur Einführung in die naturwissenschaftliche Methode und Weltanschauung ist also die Physik allein brauchbar und ausreichend. Gleichwohl wird auch die Mittheilung der ersten Grundbegriffe der Chemie nicht fehlen dürfen, weil die Bekanntschaft mit denselben sowohl für manche Theile der Physik als auch für das Verständniss des Naturhaushalts im Grossen (z. B. der Wechselwirkung von Thier- und Pflanzenleben und der beständigen Metamorphose der Gesteine in den geologischen Schichten) nothwendig ist. Dazu wird aber ein halbes Jahr der zweiwöchentlichen Physikstunden in Secunda genügen, oder höchstens für die Erklärung der biologischen Grundprocesse der Athmung und Ernährung am Thier und an der Pflanze mit Hülfe der Grundbegriffe der organischen Chemie noch ein Vierteljahr hinzugezogen werden dürfen.*) Was die Physik durch diese Abgabe von Stunden an die Chemie einbüsst, wird sie überreichlich einbringen, wenn in Prima 3 statt 2 Physikstunden angesetzt werden. Ohnehin wird „der grösste Theil der Physik in Betracht der Gründlichkeit und Schärfe mathematischer Erkenntniss, welche er erfordert, am zweckmässigsten der ersten Classe vorbehalten". (Erläuterungen etc. etc. S. 676). In diesen 3 Stunden in Prima wird dann der Lehrer Gelegenheit haben, weitere Perspectiven als bisher über die gesammte Natur, ihre Oekonomie, ihre Entwicklungsgeschichte und die Stellung des Menschen in derselben seinen Schülern aufzuschliessen.

---

*) Nach der Unterrichtsordnung S. 674 ist es „zulässig, auf Realschulen die organische Chemie wie vom Unterricht, so von der Abiturientenprüfung auszuschliessen."

Alle Anforderungen an allgemeine Bildung in Bezug auf Bekanntschaft mit der Natur, die dann noch berechtigter Weise übrig bleiben, werden in den 2 Stunden der Tertia, welche auch der Gymnasiallehrplan enthält, ausreichend berücksichtigt werden können, insbesondere werden hier die Elementarkenntnisse über den Bau des menschlichen Körpers und seiner Organe, sowie über die physiologischen Functionen derselben in vergleichender Gegenüberstellung mit ausgewählten biologischen Lebensbildern aus dem Thier- und Pflanzenreich mitgetheilt werden können.*) Die Nomenclaturen von Steinen, Pflanzen und Thieren, sowie die Beschreibungen derselben auswendig zu lernen, ist nicht nur schlechthin zwecklos für die allgemeine Bildung, wird nicht nur, wie oben gezeigt, gefährlich für die Sammlung der Aufmerksamkeit in Bezug auf die andern Unterrichtsgegenstände, — es ist geradezu eine Versündigung an den ohnehin schon mit Stoff überbürdeten Kindergehirnen. Von Quarta bis Prima wöchentlich 2 Stunden Naturkunde muss nothwendig eine geistesmörderische Ueberladung des Kopfes mit einer Unmasse todten Gedächtnissmaterials zur Folge haben. Gerade in der Gedächtnissüberladung mit Naturkunde steckt neben den übertriebenen neueren Sprachen der Grund der allgemein bekannten Erscheinung, dass die Realschüler nicht etwa weniger, sondern **mehr** häusliche Arbeit aufwenden müssen als die Gymnasiasten, und trotzdem im Durchschnitt weniger leisten, weil sie sich, so zu sagen,

---

*) Dass in der Prima der Realschulen überhaupt noch Unterricht in der Naturkunde ertheilt wird, entspricht nicht einmal dem Sinne der Unterrichtsordnung, welche einen solchen nur auf den unteren und mittleren Stufen kennt (S. 660—667), die Inanspruchnahme des Gedächtnisses in Prima mit Recht nach Möglichkeit ausgeschlossen wissen will (S. 670), und die Prüfung in der Naturkunde aus dem Abiturientenexamen ausschliesst, insoweit beim Uebergang nach Prima die erforderlichen Kenntnisse dargethan sind (S. 672).

dumm lernen. Und bei Lichte besehen liegt doch auch hier, ebenso wie bei der Chemie solchen pädagogischen Missgriffen nichts anderes zu Grunde, als eine verstohlene Rücksicht auf die praktischen Bedürfnisse einzelner Berufskreise, z. B. Botanik für den Apotheker, Mineralogie und Geognosie für den Bergmann, u. s. w. Diese Veruntreuung am pädagogischen Princip sucht sich aber natürlich durch Phrasen zu vertuschen, und als solche dient besonders die angeblich durch den Unterricht in der Naturkunde erzielte „Schärfung des Beobachtungssinnes".

Man sieht allezeit unendlich vieles, was man nicht beobachtet; man beobachtet nur denjenigen Theil der gesammten Sinneswahrnehmungen, auf welchen man seine Aufmerksamkeit richtet. Diess genügt aber zum Beobachten; die Aufmerksamkeit verstärkt physiologisch den betreffenden Sinneseindruck so, dass er erstens die übrigen gleichzeitig in's Bewusstsein strebenden Vorstellungen zurückgedrängt und sich allein behauptet, dass er zweitens auf die ihm verwandten schlummernden Gedächtnisseindrücke erregend wirkt, also ein zur gedanklichen Verarbeitung dienendes Vorstellungsmaterial unwillkürlich in Erinnerung ruft, und dass er drittens selbst einen prägnanten Gedächtnisseindruck hinterlässt.

Fragen wir nun weiter: wodurch wird die Aufmerksamkeit auf einen bestimmten Gegenstand gelenkt? so ist die Antwort: durch das praktische oder theoretische Interesse, welches der Gegenstand einflösst, oder aber durch die Willenskraft der Selbstbeherrschung und Selbstbestimmung, welche im Stande ist, das fehlende unmittelbare Interesse durch ein mittelbares für ferner liegende abstracte Ziele zu ersetzen. Das unmittelbare Interesse ist immer mehr oder minder einseitig; ein solches nach gewissen Richtungen künstlich erwecken heisst allemal, es nach anderen Richtungen ebenso abschwächen. Die Willenskraft der Selbstbeherrschung und die Selbstbestimmung der Richtung der Aufmerksamkeit lässt sich allerdings bilden und stärken, aber es ist keine intellectuelle Eigenschaft mehr, sondern eine charakterologische; ihre Erziehung erfordert also auch ganz andere Mittel als Specialunterricht in der Naturkunde. Wer übrigens seinen Beruf nach eigner Neigung gewählt hat, bei dem ist allemal auch dasjenige unmittelbare Interesse für seine Berufswissenschaften vorauszusetzen, welches seine natürlichen Beobachtungsanlagen nach dieser Richtung hin so sehr schärft, als sie es zulassen, und demnach eine allgemeine Bemühung um Schärfung des Beobachtungssinns überflüssig.

Obenein ist das Beobachten denn doch nur die allerniedrigste und primitivste Vorstufe auf der Leiter zur Wissenschaft und zur allgemenen Bildung; denn das Beobachten liefert ja erst den rohen Stoff der Erfahrung, und mit der Bearbeitung dieses fängt die Wissenschaft erst an. Diese aber geht in der Naturkunde wiederum nicht hinaus über die unterste Stufe: das Ordnen oder die Classification des Erfahrungsstoffes durch Aufsuchen von Aehnlichkeiten und Verschiedenheiten. Selbst dies kann eigentlich noch nicht Wissenschaft heissen, welche vielmehr erst mit dem Einsetzen der Verstandes-Function der Causalität beginnt. Implicite gehen die Uebungen in solchem Classificiren durch den gesammten Schulunterricht in allen seinen Zweigen hindurch; sie aber abgesondert als specielle Uebungen vornehmen zu lassen, kann nimmermehr für mittlere und obere Classen, sondern höchstens für Fröbelsche Kindergärten, für den Anschauungsunterricht in den Elementarclassen der Vorschule und allenfalls für die in Sexta mit 2 Stunden in Ansatz gebrachte Naturlehre pädagogisch gerechtfertigt erscheinen. So entpuppt sich die Phrase in ihrer ganzen Blösse, sobald man den schönklingenden Worten philosophisch auf den Grund geht.

Thatsächlich kommt auch für die „Stärkung des Beobachtungssinnes" bei dem Unterricht in der Naturkunde gar nichts heraus. Ich habe in der Gymnasialtertia den botanischen und zoologischen Unterricht bei einem sehr tüchtigen und verdienstvollen Fachlehrer durchgemacht, und kann versichern, dass das Resultat bei sämmtlichen Schülern eine rein vergeudete Zeit war, mit Ausnahme der Wenigen, bei welchen dieser Unterricht in einer für die Schulzwecke nachtheiligen Weise als Anregung zu privater Ausbildung der Sache zur Liebhaberei wirkte.

Alles was nur mit dem Gedächtniss aufgenommen ist, wird auch nach Aufhören des Unterrichts in dem Gegenstande unfehlbar in den Strudel des Vergessens gezogen; diess ist das gemeinsame Schicksal aller Unterrichtsgegenstände der allgemeinen Bildungsschule, insoweit sie nicht zufällig als für den gewählten Beruf nothwendige Fachbildung durch beständige Auffrischung der Gedächtnisseindrücke conservirt werden. Es besteht aber der grosse und durchschlagende Unterschied, dass in Sprache, Mathematik und echter Natur-Wissenschaft der Gedächtniss-Stoff nur das Material war, an welchem das eigentlich dabei zu Lernende gelernt wurde, während der Stoff in der Naturkunde die Sache selbst ist. Wenn man demgemäss den Vocabelschatz der alten Sprachen und die Formeln und Regeln der Mathematik vergessen hat, so hat man doch dasjenige als bleibenden Gewinn im Besitz, um dessentwillen man sein Gedächtniss einst mit jenem Stoff belastete; wenn man aber die Naturkunde vergessen hat, so ist auch nicht die Spur eines dauernden Gewinnes von jenem mühevollen Lernen zurückgeblieben.

c. Die Sprachen.

Die Grundlage alles Schulunterrichts ist und bleibt die Sprache; darüber sind eigentlich alle Pädagogen einig. Es ist vergeblich, das Denken an der Logik lehren zu wollen; man kann durch die Logik wohl eine Kenntniss davon erlangen, wie gedacht wird, aber man gewinnt dadurch nichts für die Fähigkeit und Fertigkeit des Denkens. Diese letztere ist nur an dem natürlichen und unabtrennbaren Leibe der Logik, an der Sprache zu lernen. Die Sprache ist das einzige Mittel und zugleich die Grenze unsres Denkens; die Denkformen sind wesentlich in den Sprachformen gegeben und präcisirt, und die Verknüpfungsarten der Gedanken haben ihr Gegenbild an der Verknüpfungsweise der Sprache. Indem man die Sprache studirt, studirt man implicite das Denken; indem man sich in der Sprache übt, übt man sich im Denken selbst. Das Sprechen instinctiv und ohne Bewusstsein über die Sprachformen zu erlernen, ist nicht Sache der Schule, sondern der Familie; über das Denken als solches philosophisch zu reflectiren, ist nicht Sache der Schule, sondern der Universität; Sache der Schule aber ist es: die Sprache mit reflectirendem Bewusstsein zu studiren, um hieran unbewusst denken zu lernen.

Das Denken ist eine formale Fertigkeit des Geistes, und es zeigt von einem gänzlichen Verkennen der Natur des Denkens, wenn man die Fähigkeit zu demselben durch Zufuhr von Material nach bestimmten Richtungen zu steigern sucht. Ohne Frage wird der auf einem bestimmten Gebiet sachlich Wohlbewanderte das Material zu seinen Denkoperationen bequemer zur Hand haben; aber wenn der Unbewanderte sich erst das nöthige Material beschafft hat, was doch immer möglich ist, so wird er in stofflicher Hinsicht gleich gestellt sein, und dann seine etwaige formale Ueberlegenheit glänzend documentiren. Diese Erscheinung kann man täglich sehen, dass die mit dem reichsten Wissen vollgepfropften Köpfe dabei doch unfähig sind, in ihrer eigenen Domäne treffend zu urtheilen und scharf zu denken. Die Denkfähigkeit durch Zufuhr von Material und Bildung von Specialbegriffen zu unterstützen, muss naturgemäss der Fachbildung überlassen bleiben; die allgemeine Schule aber ist schon durch die überwältigende Mannichfaltigkeit der im Leben vorkommenden Wissensgebiete gezwungen, auf dieses Mittel zu verzichten, und sich auf die Steigerung der Denkfähigkeit durch formale Ausbildung des Geistes zu beschränken. Wer so gebildet in's Leben tritt, der wird für alle Sättel gerecht sein, und auf jedem Pferde bald reiten lernen.

Die Grundlage aller Bildung ist die Muttersprache; an ihr lernt man sprechen, aber es ist viel schwerer, an ihr Sprache zu lernen, als an einer fremden Sprache, weil man viel zu eng durch instinctive Aneignung mit den grammatischen und sprachlichen Formen vertraut ist, um ihnen in dieser Gestalt die nöthige Freiheit der bewussten Reflection entgegen bringen zu können. Man kann deshalb annehmen, dass für das Studium der Sprache als solcher 1 Stunde fremder Sprache mehr nützt als 2 Stunden Muttersprache. Diess ist selbst für Bürgerschulen ohne Latein dadurch anerkannt, dass bei ihnen auf das Französische um so mehr Gewicht gelegt wird. Höchst wichtig aber ist die Muttersprache für die formelle Geistesbildung durch die Uebung, welche in den mittleren und oberen Classen der deutsche Aufsatz im activen sprachlichen Ausdruck, in der theoretischen Bemeisterung eines Gedankenstoffs durch die Disposition, und in der logisch-stilistischen Durcharbeitung desselben bietet. Keine fremde Sprache, sondern nur die Muttersprache gewährt diejenige Vertrautheit mit den Ausdrucksmitteln, die zur freien Entfaltung des nach Anlage und Entwicklungsstadium des Schülers erreichbaren Maximums selbständiger Gedankenexposition nöthig ist. Um diesen Nutzen aus der Sache zu ziehen, müssen aber bloss descriptive Themata ausgeschlossen bleiben und nur solche zur Bearbeitung gestellt werden, welche ein wirklich reflectirendes Denken über den Gegenstand gestatten und fordern. Zweitens aber muss in den oberen Classen die deutsche Literatur gründlicher als bisher gepflegt werden; diess ist auch bei den drei deutschen Stunden in Prima und Secunda der Realschule wohl möglich, während das Gymnasium in den Oberclassen für diesen Zweck über eine Stunde zu wenig verfügt. Subjectivästhetische Zuthaten passen nicht in die Schule; in Secunda dürfen nur einzelne Lebensbilder herausgehoben werden, in Prima muss ein zusammenhängendes Bild der geschichtlichen Entwicklung in objectiv-nüchterner Charakteristik entrollt werden, und auf allen Stufen des deutschen Unterrichts die Meisterwerke aller Perioden der eigenen Anschauung der Schüler zugeführt werden. Für die mittleren Classen, wo der eigentliche Literaturunterricht noch nicht statthaft ist, werden zwei (für die unteren Classen drei) Stunden deutschen Unterrichts allen Anforderungen genügen, und die eine Stunde, welche der Schulplan der Realschule mehr enthält, als der des Gymnasiums, wird nach obigem Grundsatz weit zweckmässiger dem Studium einer fremden Sprache zugelegt werden.

Als fremde Sprachen bieten sich zunächst die neueren dar. Der allgemeine Grundsatz, den Unterricht nach seinen Gegenständen möglichst zu beschränken, und in dem concentrirten Lehrplan um so intensiver su gestalten, muss von vornherein gegen die Einführung von mehr als einer neueren fremden Sprache Bedenken erregen. Das Französische werden wir unter keinen Umständen missen wollen. Die Franzosen sind das höchstentwickelte Volk der romanischen Race, wie die Deutschen der germanischen, und gerade der in diesen Gipfelpunkten nationalen Lebens am schärfsten zugespitzte ethnologische Gegensatz fordert am dringendsten zu einer Ergänzung unserer Einseitigkeit durch Bekanntschaft mit romanischem Wesen auf, das sich auf das Treuste in französischer Sprache und Literatur spiegelt. Dazu kommt noch, dass die französische Sprache trotz des Verfalls ihrer Flexions- und Wortformen doch eine fein und reich ausgebildete Syntax besitzt, deren Studium für allgemeine Bildungszwecke immerhin lohnend ist, namentlich dann, wenn der französische Aufsatz, wie in den Realschulen geschieht, cultivirt wird. Gerade dadurch, dass der französische Stil die Individualität der Ausdrucksweise ausschliesst und den Gedankengang in eine conventionelle typische Form bannt (deren Ausläufer die Phrase ist), gerade dadurch wird er zu einem wichtigen formalen Bildungsmittel, aber nicht als Endziel, sondern nur als Durchgangsmoment, um die germanische Tendenz nach ungebändigtem Individualismus durch diese Läuterungsstufe veredelt sich selbst zurückgegeben. Auf Gymnasien bezweckt der lateinische Aufsatz dasselbe, erreicht es aber nicht mehr so wie in den lateinischen Schulen der früheren Jahrhunderte. Obenein ist das alte Latein unserm ganzen modernen Anschauungskreise zu fremdartig geworden, um uns noch mit einiger Freiheit in diesem Gewande bewegen zu können. Das Französische ist daher als moderne Sprache viel geeigneter zur Pflege des romanischen Stils in Aufsätzen; man kann im französischen Aufsatz weit mehr sagen als im lateinischen, und sagt es dabei doch mit geringerer Mühe. Mit einem Wort der französische Aufsatz ist für sprachliche und logische Schulung des Denkens gegenwärtig ein instructiveres Mittel als der lateinische, und es ist als ein nicht ungerechtfertigter Anspruch der modernen Bildung zu bezeichnen, dass jemand gelernt habe, seinen Gedanken wenigstens schriftlich in französischer Sprache einen zusammenhängenden und fliessenden Ausdruck zu geben. Das Sprechenlernen fremder Sprachen ist bei der Schülerzahl in unseren Classen unmöglich, oder doch nur unter Schädigung wichtigerer Bildungsmittel annähernd erreichbar. „Eine Conversationsfertigkeit zu Wege zu bringen, kann nicht Aufgabe der Schule sein, sondern muss der Privatübung überlassen bleiben" (Unterrichtsordnung S. 662). Das Höchste was man von mündlicher Fertigkeit verlangen darf, ist Angabe des Inhalts gelesener Stellen, und Reproduction grammatischer Regeln; zusammenhängende Erzählung historischer Vorgänge ohne specielle Präparation geht schon über die Aufgabe der Schule hinaus, und wird auch thatsächlich nur von solchen Schülern erreicht, die neben der Schule durch Privatstudien oder Conversationsübungen in der Familie gefördert sind. Fasst man aber diese nothwendige Beschränkung des Schulunterrichts in's Auge, so ist die Zahl der französischen Stunden in der Realschule ebenso um eine zu gross, wie sie auf dem Gymnasium um eine zu klein ist. Auf Bürgerschulen ohne Latein braucht man natürlich mehr Stunden für Französisch, aber auf den höheren Schulen, wo die Schüler in der Quinta schon vier Stunden Französisch und überreichlich Lateinisch getrieben haben, und Lateinisch gründlich weiter treiben, werden von Quarta bis Prima drei Stunden wöchentlich für die angegebenen Zwecke unzweifelhaft genügen. Es bürgt hierfür die Thatsache, dass auf Gymnasien, die das Glück haben, tüchtige französische Lehrer zu besitzen, schon mit zwei Drittel dieser Stundenzahl das hier angegebene Ziel mit Ausnahme des Aufsatzes so ziemlich erreicht wird, wenigstens eine ganz gründliche Kenntniss der Grammatik und Syntax, eine vollständige Fertigkeit im Lesen, und eine erträgliche in der mündlichen Reproduction gelesener Stellen und Regeln erzielt wird. Danach muss auch bei durchschnittlichen Lehrkräften die Zahl von drei Stunden unbedingt ausreichend erscheinen. Fragen wir nun, welchen allgemeinen Bildungswerth der englische Unterricht neben dem so betriebenen französischen beanspruchen kann, so fällt die Antwort sehr ungünstig aus. Ein Bedürfniss, das Wesen unserer Nationalität durch Eindringen in das Verständniss des englischen Volksgeistes zu ergänzen, liegt bei der nahen ethnologischen Verwandtschaft beider nicht vor; ausserdem sind gegenwärtig alle nur irgend lesenswerthen älteren, neueren und neuesten englischen Bücher in deutschen Ausgaben zu haben, die sich bei der Begünstigung des Uebersetzens durch die sprachliche Verwandtschaft fast wie Originale lesen. Die englische Sprache als solche besitzt für den Deutschen gar keinen formalen Bildungswerth, da dieser sich ganz nach der Höhe richtet, welche die formale Entwicklung des organischen Baus einer Sprache einnimmt, und da die englische Sprache eine viel tiefere Stufe sprachlichen Verfalls repräsentirt als die deutsche — vielleicht die tiefste, die überhaupt denkbar ist. Flexionen existiren nicht mehr, und die Syntax besitzt weniger Feinheiten als irgend eine andere Sprache. Absurde Incongruenz zwischen Schreibweise und Aussprache bereitet Schwierigkeiten ohne Nutzen für den Geist. Im Uebrigen ist keine Sprache leichter als die englische zu lernen für denjenigen, der deutsch, lateinisch und französisch kennt. Ebenso lernt man in keiner Sprache leichter, einen erträglichen Stil zu schreiben; aber in keiner Sprache ist es schwerer, irgend welche Feinheit in den Stil hineinzulegen. Das zu den praktischen Zwecken des Lebens nöthige Maass von Kenntniss zu erwerben, ist daher dem Privatstudium im Englischen viel leichter gemacht, als in irgend einer andern Sprache, welche man ebensogut genöthigt sein kann, zu praktischen Lebenszwecken neben und nach der Schule lernen zu müssen wie die englische.

Ist es schon an und für sich bedenklich, weil dem Grundsatz der Concentration des Unterrichts widersprechend, das Bildungsmittel des modernen Sprachunterrichts durch Zerspaltung in zwei Sprachen an intensiver Wirksamkeit zu beeinträchtigen und zugleich über das extensive Maass seiner natürlichen Berechtigung aufzublähen, so zeigen obige Erwägungen, dass die englische Sprache der französischen nicht nur an Bildungswerth beträchtlich unterlegen ist, sondern auch absolut genommen einen solchen für einen Deutschen in formaler Beziehung nicht beanspruchen kann. Diese Behauptung ist eben keine neue, und die Thatsachen, welche ihr zu Grunde liegen, sind zu gut bekannt, als dass man sich nicht veranlasst fühlen sollte, sich nach Motiven umzusehen, welche den pädagogischen Missgriff in Betreff des Englischen auf Realschulen wenigstens psychologisch erklärlich machen. Solche können aber handgreiflich nur in der — principiell verpönten — verstohlenen Rücksicht auf praktische Bedürfnisse des Lebens in einer Anzahl von künftigen Berufskreisen der Realschüler liegen. Weil die Kaufleute englische Correspondenz führen lernen müssen, deshalb wird Englisch auf der Realschule obligatorisch gelehrt. Mit ganz demselben, ja sogar wegen des factisch höheren Bildungswerthes mit noch grösserem Rechte könnte man den Unterricht in der italienischen Buchführung in den obligatorischen Lehrplan der Schule aufnehmen. Selbst die Erläuterungen zur Unterrichtsordnung (vgl. S. 661) wissen für das Englische keine anderen Gründe vorzubringen als solche des unmittelbaren praktischen Nutzens für das Leben nach der Schule, nämlich einerseits, weil es nützlich ist, Englisch als Verkehrssprache zu können, besonders wenn man nach England reisen will, und zweitens weil es nützlich für den künftigen Beruf werden kann, wenn man das Verständniss der reichen realwissenschaftlichen Literatur, welche diese Sprache besitzt, schon auf der Schule vorbereitet. Das banausische Utilitätsprincip tritt hier wenigstens mit einer nichts zu wünschen übrig lassenden Offenheit an's Tageslicht. Die höhere Schule darf aber in ihren Concessionen an dieses ihrem Wesen schnurstracks widerstrebende Princip **höchstens** so weit gehen, dass sie solche Fachvorstudien zu betreiben **ermöglicht**, indem sie neben den obligatorischen Schulstunden für solche Gegenstände zu einem **facultativen** Studium **die Hand bietet**. In dieser Weise ist auf vielen Gymnasien ein vierjähriger Cursus des Englischen (neben dem Hebräischen) mit zwei Stunden wöchentlich als facultativer Unterricht angesetzt, der für den Zweck der Lectüre und der grammatischen Grundlegung zu privaten Conversationsübungen **vollständig ausreicht**. In dieser Weise das Englische überall da zu behandeln, wo das Bedürfniss danach bei einer hinlänglichen Anzahl von Schülern auftaucht, würde keinen Anstand haben; **mehr** widerspricht dem Zweck der allgemeinen Bildungsanstalt. Selbst auf Mittelschulen (höheren Bürgerschulen ohne Latein und höheren Töchterschulen) ist es principiell verkehrt, anstatt **Eine** fremde Sprache **gründlich** zu treiben, lieber von zweien etwas, aber von keiner etwas Ordentliches zu geben. Bei den Bürgerschulen stehen die schon oben erwähnten pädagogisch verkehrten Principien unsres Kriegsministeriums, bei den Töchterschulen die seichte, bloss auf „Sand in die Augen" berechnete Oberflächlichkeit unsrer Mädchenerziehung einer durchgreifenden Reform im Wege.

Wenn wir an der Muttersprache **sprechen** lernen, an den modernen fremden Sprachen **Sprachen** lernen, so lernen wir doch einzig und allein an einer todten classischen Sprache **Sprache**. Der Grund ist ein zwiefacher: erstens ist eine lebende Sprache nicht fixirt genug, sie ist zu sehr im Flusse, um ein hinreichend festes Lehrobject abzugeben. Die Franzosen des vorigen Jahrhunderts und die dieses

Jahrhunderts schreiben ganz verschieden, und eine ganz andere Sprache ist wieder die der heutigen französischen Zeitungen oder des *journal amusant*. Solche Unterschiede kommen unter den auf der Schule gelesenen lateinischen und griechischen Prosaikern nicht vor; man lehrt hier ganz entschieden nur das Latein des Cicero, und nur das Griechisch des Thucydides und Plato. Das ist ein grosser Vorzug, aber der andere Grund ist noch viel wichtiger.

Wenn man Sprechformen nur studirt, um der Denkformen Herr zu werden, so wird eine Sprache zu dem Denkenlernen um so mehr nützen, auf je höherer Stufe der Organismus ihres ganzen Baues und die Entwicklung ihrer Formen steht. Wir haben als Moderne an unserer Muttersprache den Vortheil einer reicheren und vielseitigeren Ausdrucksfähigkeit für geistigen Gedankengehalt, aber wir haben diesen Vortheil erkauft mit dem Verfall des formalen Organismus der Sprache. In inhaltlicher Beziehung brauchen wir deshalb keine Ergänzung, wohl aber in formaler Beziehung, welche zugleich diejenige Seite ist, innerhalb deren die auf der Schule zu vermittelnde Bildung sich bewegt. Deshalb, aber auch nur deshalb, weil unser Neuhochdeutsch schon so tief herabgesunken ist auf der schiefen Ebene des formalen Verfalls, dass es selbst nur noch als Ruine seiner einstmaligen Grösse und Schönheit bezeichnet werden kann, gerade deshalb ist es uns so wichtig, die halb oder ganz verloren gegangene Bedeutung der abgeschliffenen Trümmer des ehemaligen gothischen Doms unserer Sprache uns an dem Studium eines auf dem Gipfelpunkt seiner Entwicklung stehenden Sprachorganismus wieder zum Bewusstsein zu bringen.

Hierzu wäre vielleicht der Sanskrit am geeignetsten, dessen Kenntniss aber noch nicht verbreitet genug und dessen Literatur nicht classisch im Sinne massvoller Stoffbeherrschung ist. Die nächstgeeignete Sprache ist die griechische, welche zugleich in ihrer Literatur uns den Geist der Classicität in seiner reinsten und originalsten Gestalt darbietet. Erst in dritter Reihe kommt das Lateinische, dessen Literatur nur eine Nachahmung der hellenischen Classicität, also eine Gabe aus zweiter Hand ist, und das an Reichthum und Schönheit der sprachlichen Formen sich ebenso wenig mit dem Griechischen messen kann, wie an Feinheit und Mannichfaltigkeit der Syntax. Das Griechische ist — und das will so viel sagen, dass es für seine Unersetzlichkeit als Bildungsmittel der Jugend durchschlagend ist — die philosophischeste und die poëtischeste Sprache der Welt zugleich, und ausserdem ist es in vieler Hinsicht (z. B. im Besitz des Artikels, in der Construction der Sätze und in der Art der Wortzusammensetzungen) dem deutschen Sprachgefühl verwandter als das Lateinische, und heimelt uns darum mehr an. Trotzdem ist es schwieriger zu erlernen als das Lateinische, weil der Klang der Worte fremdartiger und die Mannichfaltigkeit der Flexionen und syntaktischen Verbindungen so viel grösser ist; aber sein formaler Bildungswerth steht in genauer Proportion zu dieser Schwierigkeit. Es handelt sich doch am Ende darum, dass die Schüler ihren Geist bilden, nicht darum, dass ihnen das Lernen keine Schwierigkeiten mache; nur unnütze Schwierigkeiten (wie z. B. das Memoriren naturgeschichtlicher Tabellen und Nomenclaturen) sind verwerflich, aber die Ueberwindung der Schwierigkeiten, welche die griechische Sprache bietet, ist grade das höchste und unübertreffliche Bildungsmittel für den Geist. Vor ihr zurückschrecken hiesse, vor der Aufgabe der Schule selbst zurückschrecken.

Der wahre Grund, warum unsere Gymnasien trotz ihres mangelhaften Unterrichts in den Realwissenschaften und trotz des fortschreitenden Verfalls ihrer lateinischen Bildung, noch immer ihren Schülern einen Grad von allgemeiner Geistesbildung mitgeben, welcher dem durch die Realschulen erzielten so entschieden überlegen ist, liegt meiner festen Ueberzeugung nach in der Pflege des Griechischen. Dass man das Griechische aus den Realschulen hinausgeworfen hat, das allein schon hat sie von dem Niveau der höheren Schule herabgedrückt. Hätte man sie ohne Griechisch auf diesem Niveau erhalten wollen, so hätte man mindestens zum Ersatz des Griechischen die Stundenzahl des Lateinischen gegen diejenige auf dem Gymnasium vermehren müssen, anstatt sie beträchtlich zu vermindern. So wie das Lateinische jetzt auf der Realschule betrieben wird, lohnt es bei weitem nicht die darauf verwandte Zeit; die Knaben werden in den unteren Classen mit lateinischer Grammatik überfüttert, aber diese mühsame Saat wird nicht wie auf dem Gymnasium durch ausgiebige Lectüre der Classiker in den oberen Classen zur Blüthe und Frucht gezeitigt, sondern fällt als welker Keim dem Schooss des Vergessens anheim.

Es ist nach dem Gesagten gar nicht daran zu denken, dass der Lehrplan der höheren Schule sich durch Ausscheidung des Griechischen und Vermehrung der Stundenzahl des Lateinischen über den Gymnasiallehrplan hinaus von Neuem dem historisch überwundenen Standpunkt der lateinischen Schule annähern sollte. Diess wäre eine pädagogische Reaction, vor der der Genius der Geschichte unser Volk in Gnaden bewahren möge. Vielmehr kann die Entwickelung unserer höheren Schule nur auf dem historisch vorgezeichneten Wege weiter gehen; dieser Weg ist aber: fortschreitende Beschränkung des Lateinischen und Verstärkung des Griechischen und der Realwissenschaften. Dem Lateinischen haben wir ewig dankbar zu sein als dem Vermittler, der uns die Schätze der hellenischen Classicität erschlossen; aber in dem Maasse, als wir diese Originalschätze uns zu selbstständigem Besitz aneignen, tritt die Rolle des Vermittlers zurück.

An dieser Stelle, wo es meine Absicht ist, die Reformvorschläge auf ein Minimum, auf die dringlichst nothwendigen und dabei leicht ausführbaren Schritte zu beschränken, nehme ich von der Forderung einer Vermehrung der Stundenzahl des Griechischen Abstand, muss aber betonen, dass die Stundenzahl, die dem Griechischen schon jetzt im Gymnasiallehrplan angewiesen ist (d. h. 6 Stunden von Quarta bis Prima), als das Minimum des griechischen Unterrichts für unsre einheitliche höhere Schule auf alle Fälle festgehalten werden muss.

Zählt man nun die bisher für die verschiedenen Fächer ausgeworfenen Wochenstunden zusammen, so ergiebt sich durch Subtraction von der Zahl 30, die wir als Maximum der obligatorischen Stunden angenommen haben, die für den lateinischen Unterricht übrig bleibende Zeit, nämlich für Quarta 9, für Tertia 8, für Secunda 7 und für Prima 6 Stunden. Das sind genau 3 Stunden mehr, als die Realschule für dieses Lehrobject in den entsprechenden Classen ansetzt, und durchschnittlich 2 Stunden weniger, als der Gymnasiallehrplan dafür annimmt. Ich glaube, dass dieser (dem Gymnasiallehrplan immer noch näher liegende) Mittelweg selbst von den Philologen ganz wohl acceptirt werden könnte. **Drei Stunden mehr sind genügend, um in Verbindung mit der formalen Bildung durch das Griechische** den lateinischen Unterricht von der Unfruchtbarkeit zu befreien, mit welcher er auf der Realschule geschlagen ist. Zwei Stunden durchschnittlich weniger als auf dem Gymnasium ist das Minimum von Concession, welche die Vertreter des Ueberlieferten an den berechtigten Widerwillen unserer Gebildeten gegen den lateinischen Charakter unserer Gymnasien machen müssen.

Die Vermehrung des Lateinischen um 3 Stunden auf der Realschule würde ohne Hinzunahme einer gründlichen Pflege des Griechischen freilich nicht entfernt ausreichen, um den Schülern irgendwie einen Anflug classischer Bildung zu geben; im Verein mit 6 Stunden Griechisch aber reicht die so gewonnene Stundenzahl für alte Sprachen ohne allen Zweifel aus, um denjenigen Grad von classischer Bildung zu verschaffen, welcher für eine (nicht speciell theologische oder philologische Fachbildung, sondern für eine) allgemeine Geistesbildung erforderlich ist. Die zwei Stunden Latein, welche das Gymnasium gegenwärtig noch mehr enthält als unser Entwurf, kommen thatsächlich nicht mehr der allgemeinen Bildung zu Gute, sondern dienen ausschliesslich einer utilitaristischen Anticipation theologischer und philologischer Berufsbildung; sie sind also nach den oben erörterten Grundsätzen unbedingt zu streichen.

Ich glaube nicht, dass die Fertigkeit der Schüler in der Lectüre der lateinischen Classiker durch Verlust der fraglichen zwei Stunden eine wesentlich geringerewerden wird, als sie jetzt ist, — vorausgesetzt, dass man sich entschliesst, den lateinischen Aufsatz fallen zu lassen, und die bisher auf Dressur für diesen verbrauchte Zeit der Lectüre zuzuwenden. Der lateinische Aufsatz ist das recht eigentliche Sinnbild des lateinischen Zopfes, der unsern Gymnasien noch immer hinten hängt, während unsre Universitäten nachgrade anfangen, denselben Zoll um Zoll abzuschneiden. Die Forderung, lateinisch schreiben zu lernen, hatte nur so lange einen Sinn, als das Lateinische die allgemeine Schriftsprache der Wissenschaft war. Seitdem dieselbe aber glücklicher Weise überall (bis auf den theilweise noch bestehenden Zopf lateinischer Universitätsreden und -Schriften) durch die modernen Nationalsprachen verdrängt ist, dürfen für eine fortgesetzte Pflege des lateinischen Aufsatzes auf der Schule nur noch pädagogische Gründe geltend gemacht werden. Nun haben wir aber bereits oben gesehen, dass die Einführung des französischen Aufsatzes doch nicht zu umgehen ist, und dass dieser in der That für uns von weit höherem pädagogischen Werth ist, als der lateinische. Wird ferner, wie diess ein dringendes Erforderniss ist, dem deutschen Aufsatz eine erhöhtere Pflege als bisher zugewendet, und zugleich der französische daneben cultivirt, so muss schon aus Rücksicht auf die Arbeitskraft der Schüler von dem lateinischen so wie so Abstand genommen werden, dessen formaler Bildungswerth durch jene beiden weit mehr als ersetzt wird. In der That bricht sich auch in Philologenkreisen mehr und mehr die Einsicht Bahn, dass es doch nur eine Frage der Zeit sein kann, wann der traditionelle lateinische Aufsatz, der schon jetzt seinen Zweck nicht mehr erfüllt, den steigenden sonstigen Ansprüchen der Schule geopfert werden muss.

Der lateinische Aufsatz der lateinischen Schule vergangener Jahrhunderte ermöglichte wirklich noch eine freie Entwickelung des damaligen Ideenkreises der Schüler; denn theils war dieser Ideenkreis dem der alten Römer noch nicht in dem Grade entrückt wie unser heutiger, und theils fiel es damals den Lehrern nicht ein, die freie Gedankenexposition durch die stricte Forderung ciceronianischer Classicität des Stils in spanische Stiefeln einzuschnüren. Heute aber muss nothwendig jeder frei aus dem Innern hervorquellende Gedanke in seinem Ausdruck unciceronianisch ausfallen, also von dem Lehrer angestrichen werden, und so reducirt sich der lateinische Aufsatz der Gegenwart in der Hauptsache auf die mechanische Zusammenfügung auswendig gelernter ciceronianischer Phrasen und Redewendungen. Jeder Unbefangene wird zugeben, dass die pädagogischen Bedenken gegen eine solche Uebung den möglichen pädagogischen Nutzen derselben sehr in Frage stellen müssen. Diejenigen Schüler, welche sich speciell der classischen Philologie widmen, und die Fähigkeit, lateinisch zu schreiben, als nothwendigen Bestandtheil ihrer Berufsbildung ansehen, werden künftig darauf hinzuweisen sein, dass sie sich diesen Theil ihrer Berufsbildung auf derselben Fachschule wie die übrigen Theile derselben anzueignen haben, nämlich auf der Universität.

Sehen wir nun zu, wie sich der Lehrplan unserer einheitlichen höheren Schule oder unseres Realgymnasiums zu denjenigen des Gymnasiums und der Realschule verhält, so zeigt sich allerdings, dass derselbe dem des ersteren weit näher steht als dem des letzteren, und dass daher die bestehenden Gymnasien durch anscheinend unerhebliche Reformen zu Realgymnasien organisirt werden können. Dieselben brauchen nur von Quarta bis Prima eine Stunde Latein an das Französische, von Tertia bis Prima eine Stunde desselben Lehrgegenstandes an den Complex von Mathematik und Naturwissenschaften, und in Secunda eine Stunde Latein an den Unterricht in der deutschen Literatur abzugeben, und ausserdem Gesang und Zeichnen als facultative Unterrichtsgegenstände zu behandeln. Dagegen müssen diejenigen Realschulen, welche sich nicht in höhere Bürgerschulen oder Gewerbeschulen ohne Latein umwandeln wollen, eine viel tiefer greifende Reform an sich vornehmen, um den Anforderungen an eine höhere allgemeine Bildungsschule zu entsprechen. Es sind dem Lateinischen drei und dem Griechischen sechs Stunden zuzulegen, und dafür müssen abgenommen werden: dem Deutschen 1 Stunde in IV und III, dem Französischen 2 Stunden in IV und 1 Stunde in III—I, dem Englischen in II und I je 1 Stunde, während die beiden andern facultativ werden, der Geographie 1 Stunde in IV und III, den Naturwissenschaften 2 Stunden in IV, 4 Stunden in II, und 3 Stunden in I, der Mathematik 3 Stunden in IV, 2 Stunden in III, und 1 Stunde in II und I. Ohne Frage würde diese Reform grosse Schwierigkeiten haben; aber in Wirklichkeit würden die meisten

Realschulen die Umwandlung in Gewerbeschulen ohne Latein vorzunehmen sich beeilen, und die wenigen, welche an dem Anspruch einer höheren Schule festhalten wollen, würden in der bisherigen Weise fortbestehen können, bis ihnen die erheblich leichter zu bewerkstelligende Umwandlung in die demnächst zu besprechende zweite oder dritte Stufe unsrer Reformvorschläge gestattet wird.

Vorläufig würde es, um die Reform unsres höheren Schulwesens in die rechten Bahnen zu lenken, genügen, wenn den Realschulen und Mittelschulen die Beseitigung des Lateinischen freigestellt und gleichzeitig die Gymnasien durch die angegebene Reform den modernen Anforderungen an eine höhere Bildungsschule conform gemacht würden. Das in den Realschulen bisher nur in verschämter Weise wirksame Utilitätsprincip würde dann offen zu Tage treten, und unserm Volke statt unbrauchbarer Realschulen tüchtige und brauchbare Mittelschulen und Gewerbeschulen liefern, auf der andern Seite aber würden die reformirten Gymnasien sich so im Einklang mit den Bildungsbedürfnissen unsrer Zeit befinden, dass sie nicht wie bisher irgend welche Concurrenz der Realschulen in der öffentlichen Meinung zu fürchten hätten, selbst dann nicht, wenn der letzteren alle von ihnen nur irgend angestrebten Berechtigungen verliehen würden. Den Vertretern der Gymnasialbildung aber muss das Ziel, das durch ihren zähen Conservatismus eingebüsste Vertrauen des deutschen Volks in ihre Bildungskraft wieder zu erobern, als ein so hohes und grosses einleuchten, dass sie bei rechtem Verständniss für die Interessen der classisch-humanistischen Geistesbildung sich gern zu so unerheblichen Concessionen bereit finden lassen werden, wie der nachfolgende Lehrplan des Realgymnasiums (Rg.) sie verlangt. (Der Lehrplan der Realschule und des Gymnasiums sind unter den Buchstaben R. und G. zum Vergleich daneben gesetzt.)

Unterrichtsgegenstände.	Sexta.	Quinta.	Quarta.			Tertia.			Secunda.			Prima.		
			R.	G.	Rg.	R.	G.	Rg.	R.	G.	Rg.	R.	G.	Rg.
Religion.	3	3	2	2	2	2	2	2	2	2	2	2	2	2
Deutsch.	3	2	3	2	2	3	2	2	3	2	3	3	3	3
Lateinisch.	10	10	6	10	9	5	10	8	4	10	7	3	8	6
Griechisch.	—	—	—	—	6	—	6	6	—	6	6	—	6	6
Französisch.	—	4	5	2	3	4	2	3	4	2	3	4	2	3
Englisch.	—	—	—	—	—	—	—	—	3	(2)	(2)	3	(2)	(2)
Hebräisch.	—	—	—	—	—	—	—	—	(2)	(2)	(2)	(2)	(2)	(2)
Geographie und Geschichte.	2	2	4	3	3	4	3	3	3	3	3	3	3	3
Naturwissenschaft.	2	—	2	—	—	2	2	2	6	2	2	6	2	3
Rechnen und Mathematik.	4	3	6	3	3	6	3	4	5	3	4	5	4	4
Schreiben.	2	2	2	—	—	—	—	—	—	—	—	—	—	—
Zeichnen.	2	2	2	2	(2)	2	(2)	(2)	2	(2)	(2)	3	(2)	(2)
Gesang.	2	2	2	2	(2)	2	(2)	(2)	2	(2)	(2)	2	2	(2)
Obligatorische Stunden.	30	30	34	32	30	34	32	30	34	32	30	34	32	30
Facultative Stunden.	—	—	—	—	(2)	—	(2)	(4)	—	(6)	(8)	—	(5)	(8)

IV. Die zweite Stufe der Reform:
Das Realgymnasium mit 27 Wochenstunden.

Die im vorhergehenden Abschnitt entwickelte Stufe der Reform genügt allerdings den nächsten und dringlichsten Ansprüchen; sie liefert eine Schule, von der jeder Unbefangene zugeben wird, dass sie die Aufgabe, eine höhere allgemeine Bildung zu vermitteln, wirklich zu lösen im Stande ist, und beschneidet die allzuunvernünftigen Auswüchse, welche sich in der Ueberbürdung der Schüler herausgebildet haben, wenigstens so weit, dass sie auf ein erträgliches Maass reducirt werden. Aber hiermit ist noch keineswegs gesagt, dass die so organisirte Schule die nothwendige allgemeine Bildung ihren Schülern auf die möglichst leichte Art vermittle, oder dass der Grad der Anspannung, welchen sie denselben zumuthet, nicht immer noch über das hygienisch zulässige und psychologisch und pädagogisch rathsame Maass weit hinausgehe. Der Hauptübelstand ist, dass der Causalzusammenhang zwischen der Anspannung des Schülers und der Schädigung seiner Gesundheit nicht *ad oculos* zu demonstriren ist; es sieht ja wirklich so aus, als hielte der Junge es aus, immer noch eine und noch eine Stunde mehr zu arbeiten. Und in der That hält er es auch aus, und eine kleine Minorität hält es sogar ohne erkennbaren Nachtheil auf die Dauer aus. Dass aber die bei weitem grössere Mehrzahl in Folge dieser Anspannung des jugendlichen Organismus entweder geistig verbraucht und mit ertödteter Productionskraft in's Leben tritt, um schablonenhafte geistige Arbeitsmaschinen zu liefern, oder aber zu einem körperlich verkümmerten und siechen Geschlecht von Gelehrten heranwächst, das ist demjenigen schwer zu beweisen, der den Causalzusammenhang nicht sehen will.

Nehmen wir an, dass ein Schüler des Realgymnasiums nur die obligatorischen 30 Lehrstunden besuche, und die häuslichen Arbeiten mit 1½ bis 2 Stunden täglich gewissenhaft absolvire, so ist diess immer noch eine etwa siebenstündige Geistesanstrengung pro Tag, und diess erscheint mir allein schon als das Maximum dessen, was man einem kindlichen oder jugendlichen Gehirn und Organismus zumuthen kann, ohne beide zu schädigen. Nun würde aber ein solcher Schüler doch immer nur eine sehr einseitige theoretische Bildung empfangen, wenn nicht ein Privatunterricht in den Künsten hinzuträte, und endlich macht der künftige Beruf, z. B. eines Kaufmanns oder Theologen, doch auch seine Rechte geltend und verlangt während der Schulzeit noch Unterricht im Englischen oder Hebräischen, sei es nun in Form von Privatunterricht oder als Theilnahme an dem facultativen Schulunterricht. Alle solche nebenherlaufenden Gegenstände verlangen aber wiederum ausser den Unterrichtsstunden noch eine ganz beträchtliche Zeit für häusliche Arbeiten und Uebungen; so z. B. wird ein zweistündiger Musikunterricht täglich mindestens ½—1 Stunde Uebungszeit beanspruchen, also insgesammt 5—9 Stunden pro Woche rauben, während ein Zeichnenunterricht unter 4—6 Stunden wöchentlich gar nicht des Anfangens werth ist, dem eifrigen Schüler aber bald weit mehr Zeit abgewinnt.

Schon was den facultativen Schulunterricht betrifft, werden diejenigen Schüler, welche gar keine von den acht Stunden der oberen Classen mitnehmen, die Ausnahme bilden. Die meisten werden doch entweder an einer der facultativen Sprachen, oder an einem der technischen Lehrgegenstände sich betheiligen, d. h. mindestens zwei facultativen Stunden beiwohnen; ebenso wird die Zahl nicht gering sein, welche sowohl an einer der facultativen Sprachen, als auch an einem der technischen Lehrobjecte Theil nehmen. Endlich werden sich immer Eltern finden, welche wünschen, dass ihre Kinder die von der Schule gebotene Unterrichtsgelegenheit recht reichlich ausnutzen, und sie deshalb noch mehr als vier facultative Stunden wöchentlich besuchen lassen. Im Ganzen wird man nicht weit fehlgreifen, wenn man die durchschnittliche Betheiligung der Schule an den facultativen Stunden unseres Lehrplans auf drei ansetzt. Da nun aber diese Stunden die häuslichen Arbeiten beträchtlich vermehren, so wird es das nächste Gebot der Humanität und pädagogischen Klugheit sein, die obligatorische Stundenzahl um ein entsprechendes Maass unterhalb 30, d. h. auf 27, zu normiren. Der Lectionsplan enthält dann abwechselnd Tage mit vier, und solche mit fünf Vormittagsstunden, und es steht dann nichts mehr im Wege, die beiden in der Schule am meisten besuchten facultativen Stunden (z. B. das Englische) auf den Vormittag zweier Wochentage zu legen, die nur vier obligatorische Unterrichtsstunden zählen. Durch solche Einrichtung würde der relativ grössten Zahl von facultativen Schulbesuchern die Wohlthat zu Theil, den Nachmittagsgang zu sparen.

Eine so organisirte Schule würde dahin gelangen, nicht mehr durch den obligatorischen Unterricht allein, sondern erst durch die Summe der obligatorischen und durchschnittlich besuchten facultativen Lehrstunden, jene Ansprüche an die Leistungsfähigkeit der Schüler zu stellen, welche ich als das zulässige Maximum der Gesammtansprüche ansehen muss. Es würde dann also die Schule sich zwar innerhalb dieser Sphäre mit den hygienischen und psychologischen Forderungen in Einklang gesetzt haben; aber sie würde immer noch nicht die schuldige Rücksicht auf die Ergänzung der von der Schule vermittelten Ausbildung durch häuslichen Privatunterricht genommen haben. Auch das Programm der Schule mit 27 obligatorischen Wochenstunden kann ich demnach nicht als die Verwirklichung des Ideals der höheren Schule ansehen, sondern (ebenso wie das Realgymnasium mit 30 Stunden) nur als eine weitere vorläufige Etappe auf dem Wege zu einem befriedigenden Definitivum. Denn auch bei diesem Programm steht der Familienvater noch immer vor der Alternative, entweder seine Kinder künstlerisch verwahrlost aufwachsen zu lassen, oder aber sich an Leib und Seele derselben durch Privatunterricht neben dem sich alle disponiblen Kräfte absorbirenden Schulunterricht zu versündigen.

Immerhin wäre es schon als ein grosser Fortschritt zu bezeichnen, wenn man von 30 auf 27 Stunden herabstiege, ebenso wie die Reduction auf 30 Stunden von den gegenwärtig herrschenden, zum Theil ganz unvernünftigen Zuständen als eine Abschlagszahlung freudig zu begrüssen wäre. Bei allen Reformen heisst es: „das Bessere ist der Feind des Guten", und ich will deshalb nicht unterlassen, meine Vorschläge zu einer Schule mit 27 Stunden zu entwickeln, bevor ich zu meinem Ideal einer höheren Schule mit 24 Stunden übergehe.

Wir haben im vorigen Abschnitt untersucht, welche Stundenzahl in den einzelnen Fächern für die Erfordernisse der allgemeinen Bildung hinreichend, aber auch unerlässlich sei; von den so ermittelten Zahlen kann keinenfalls mehr etwas herabgemindert werden, denn sie repräsentiren ein Minimum, das nur bei intensivem Unterricht den Forderungen der allgemeinen Bildung genügt. Nur bei einem Gegenstande haben wir diese Untersuchung unterlassen, beim Lateinischen, während wir auf der andern Seite bedauern mussten, dass wir nicht in der Lage seien, die Stundenzahl für den griechischen Unterricht zu vermehren. Nun dürfte soviel zuzugeben sein, dass, so lange als die Schule mit dem Lateinischen beginnt, und erst von Quarta an das Griechische mit 6 Stunden hinzutritt, d. h. so lange den Schwerpunkt des altsprachlichen Unterrichts auf dem Lateinischen ruht und das Griechische in einer relativ unzulänglichen Weise betrieben wird, — dass so lange eine Herabminderung der Stundenzahl des Lateinischen unter das in unserm Realgymnasium von 30 Wochenstunden festgesetzte Maass nur auf Kosten der allgemeinen formalen Geistesbildung und speciell der classisch-humanistischen Bildung stattfinden könnte. Aber dieses Uebergewicht des Lateinischen über das Griechische ist selbst nur ein historisch überliefertes, das nicht in der Sache selbst begründet erscheint, und es fragt sich erstens, ob einer sachgemässen Umkehrung des Verhältnisses, d. h. einer Verlegung des Schwerpunkts des altsprachlichen Unterrichts in das Griechische, berücksichtigenswerthe Hindernisse im Wege stehen, und zweitens, ob nicht durch eine solche sachgemässe und zeitgemässe Reform, falls sie ausführbar ist, ohne Beeinträchtigung der classisch-humanistischen Bildung an Unterrichtszeit gespart werden kann.

Betrachten wir zunächst die praktische Ausführbarkeit des vorgeschlagenen Rollentausches. Noch zu Anfang dieses Jahrhunderts war die griechische Grammatik weit weniger durchgearbeitet, als die lateinische; gegenwärtig aber ist sie weit wissenschaftlicher und systematischer ausgebildet, als die lateinische, welche noch immer nicht ganz die Reste der in ihr früher allein maassgebenden empirischen Behandlungsweise abgestreift hat. —

Dass es an geeigneten Lehrern fehlen sollte, um das

griechische Exercitium energischer als bisher zu betreiben, und in Sexta und Quinta Griechisch zu lehren, ist kaum glaublich; es fehlt gegenwärtig bei uns weit weniger an tüchtigen Lehrern des Griechischen, als an solchen für Mathematik und Naturwissenschaften. — Was die Bedenken wegen der grösseren Schwierigkeiten betrifft, die die Erlernung des Griechischen bietet, so ist schon im vorigen Abschnitt darauf hingewiesen worden, dass wesentlich in diesen grösseren Schwierigkeiten der höhere formale Bildungswerth dieser Sprache begründet liegt. Für die Aneignung mit dem Verstande und die logische Durchdringung bietet die griechische Sprache sogar bessere Hülfen als die lateinische, und die grösseren Schwierigkeiten der ersteren bestehen wesentlich in höheren Anforderungen an das Gedächtniss. Das Gedächtniss aber ist in den unteren Classen am leistungsfähigsten, und darum kann es für den Schüler nur ein Gewinn und eine Erleichterung sein, wenn eine veränderte Organisation der Schule ihn nöthigt, die Schwierigkeiten, mit welchen er sich jetzt in Quarta und Tertia plagen muss, schon in Sexta und Quinta zu überwinden. Auf der andern Seite ist aber das Eindringen in die Elemente des Griechischen auch wieder anziehender als das erste Erlernen des Lateinischen, weil der Klang der griechischen Worte und Wortformen den Reiz des Wohllauts und der fremdartigen Neuheit zugleich bietet. Dass endlich die vorherige Kenntniss des Lateinischen, so weit dieselbe in Quinta erworben sein kann, zur Erleichterung der Erlernung des Griechischen etwas beitragen solle, wird wohl kaum behauptet werden können.

Hiernach scheint der praktischen Ausführung des Rollentausches nichts im Wege zu stehen; nur ein Bedenken könnte noch erhoben werden, dass das Lateinische dem Französischen vorhergehen müsse. Diesem Wunsche ist aber sehr leicht dadurch Rechnung zu tragen, dass man das Französische statt in Quinta erst in Quarta beginnen lässt, und dafür in Quarta um zwei, und in der zweijährigen Tertia um eine Stunde wöchentlich verstärkt.*) Dann gewinnt man Raum, um das Lateinische (nicht wie jetzt das Griechische in Quarta, sondern) schon in Quinta anfangen zu lassen. (Diese Einrichtung habe ich deshalb in den Lehrplan des Realgymnasiums mit 27 Stunden aufgenommen.)

In dieser Gestalt ausgeführt erscheint der Rollentausch zwischen Griechisch und Latein so unanstössig und so rationell begründet, dass kaum noch etwas anderes als das zähe Beharrungsvermögen des überlieferten Alten dagegen geltend gemacht werden kann. Auch wenn dieser Wechsel zu gar keiner Ersparniss an Unterrichtszeit führen sollte, wäre er doch eine unabweisliche Forderung unserer fortgeschrittenen Einsicht in den relativen Werth des Griechischen und Lateinischen.

Es ist heute dem Bewusstsein keines Gebildeten mehr verborgen, dass die griechische Sprache nicht nur einen weit höheren formalen Bildungswerth als classische Sprache besitzt, sondern dass auch der Glanz ihrer classischen Literatur so einzig am Himmel steht, wie der Glanz der Sonne, während der Mond der römischen Classicität nur ein mattes, von der Sonne geborgtes Licht zurückstrahlt, grade hell genug, um die lange Geistesnacht des Mittelalters einigermaassen zu erleuchten. Wir wissen jetzt, dass der Homer das ewig unerreichbare Muster des urwüchsig genialen Volksepos, und die Aeneis die tendenziöse Nachahmung eines höfischen Kunstdichters von mässigem Talent ist; wir wissen, dass Thucydides ein unübertroffener Meister der Geschichtsschreibung ist, von dessen Behandlungsweise Livius sich bemühte, eine sehr hinter dem Vorbild zurückstehende

---

*) $4 + 3 + 3 + 3 = 5 + 4 + 4$.

Copie zu liefern. Wir sehen in den Reden des Cicero heute nur noch am Studirtisch ausgearbeitete Kunststücke von höchst zweifelhaftem Werth, die sich mit den griechischen des Demosthenes nicht messen können, und in den lange Zeit bewunderten philosophischen Schriften Cicero's finden wir nur noch ein langweiliges, seichtes Gewäsch. Die besseren Reste der griechischen Lyriker schätzen wir als kostbarste Perlen der Weltliteratur, die nur noch an den naiven Liedern unsres Goethe ihr Gegenstück finden; Horaz dagegen erscheint uns in seiner Lyrik als ein Dichter, der etwa einer Vereinigung unsrer Ramler und Hagedorn entsprechen würde.

Um es mit einem Wort zu sagen: Der Nimbus der Classicität, der so lange den römischen Schriftstellern angehaftet, hat sich vor dem unbefangenen literarhistorischen Urtheil als eine **imitirte, unechte Waare**, als eine **Afterclassicität** entpuppt, deren eigentlicher Werth in dem Hinweis auf das nachgeahmte Original und seine allein ächte und wahre Classicität besteht.

Bei einem solchen Stand des literarhistorischen Urtheils kann der Rollentausch des Griechischen und Lateinischen nur noch eine Frage der Zeit sein. Schon heute glaubt ein grosser Theil der jüngeren Lehrer selbst nicht mehr an die Classicität der Classiker, welche er den Schülern docirt, und ein solcher Zustand ist auf die Dauer unhaltbar. Auch viele Gymnasialdirektoren haben bereits anerkannt, dass es besser sein würde, eine demosthenische Rede mehr und eine ciceronianische weniger, einen platonischen Dialog mehr und einen ciceronianischen weniger, u. s. f., zu lesen. Eine solche Verschiebung aber bloss in den oberen Classen anzunehmen, wäre eine dürftige und halbe Maassregel. Die Hauptsache ist, dass das jetzige Pensum des Griechischen für Quarta und Tertia nach Sexta und Quinta verlegt wird,*) dass künftig der griechische Unterricht in Quarta mit dem jetzt in Secunda gelesenen Xenophon beginnt, und dass dem entsprechend in den oberen Classen ohne Vermehrung der Stundenzahl ein weit grösserer Bruchtheil aus dem reichen Schatze der griechischen Classiker den Schülern vermittelt wird als bisher. Namentlich müssten statt Eines Sophokleischen Dramas mehrere, und ausserdem von Aeschylos und Euripides Scenen aus Dramen gelesen werden, deren zusammenhängende Composition durch eine gute deutsche Uebersetzung zur Kenntniss gebracht werden müsste. Ferner dürfte die griechische Lyrik nicht ganz ausgeschlossen bleiben, die musterhaften Biographien des Plutarch könnten herangezogen werden, und auch von Aristoteles eine inhaltlich nicht zu schwierige Schrift, wie z. B. die über die Dichtkunst, gelesen werden. Endlich müsste in Prima eine gewisse Stundenzahl eines Semesters oder auch eines Jahres zu einer zusammenhängenden Uebersicht über die Geschichte der griechischen Literatur verwandt werden. Ein so erweiterter griechischer Unterricht würde einen ganz andern Grad von classisch-humanistischer Bildung vermitteln, als ihn jetzt die Gymnasiasten empfangen; er würde für sich allein schon, ganz abgesehen von der Ergänzung durch lateinischen Unterricht, diesem Zwecke genügen, und es jedenfalls ermöglichen, das Lateinische mit einer weit geringeren Stundenzahl abzufertigen, als jetzt dem Griechischen zuerkannt wird. Die durch den Rollentausch verstärkte Pflege des griechischen Exercitiums würde in ähnlicher Weise das lateinische Exercitium überflüssig machen, wie die Einführung des Französischen und

---

*) Da Tertia einen zweijährigen, Sexta und Quinta aber jede nur einen einjährigen Cursus (ebenso wie Quarta) haben, so bleibt dieselbe Stundenzahl für das bisherige Pensum von Quarta und Tertia (mit je 6 Wochenstunden für Griechisch) disponibel, wenn Sexta 10 und Quinta 8 Stunden Griechisch erhält (denn $10 + 8 = 6 + 6 + 6$).

verstärkte Pflege des deutschen Aufsatzes den lateinischen Aufsatz überflüssig macht. Setzen wir für Latein in Quinta 6, in Quarta bis Secunda je 4, und in Prima 3 Stunden an, so wird nicht nur eine ausgiebige Lectüre lateinischer Classiker, sondern auch eine gewisse Pflege des Exercitiums immer noch möglich sein. Erwägt man, dass durch das vorhergehende und begleitende gründliche Studium des Griechischen die Erlernung des Lateinischen merklich unterstützt und erleichtert wird (was umgekehrt nicht behauptet werden kann), und dass der lateinische Unterricht hier als Ersatz für ein kleines Minus an Stunden in Quarta und Tertia im Verhältniss zum Realschulplan auch eine Classe früher beginnt, so wird es gewiss nicht zuviel behauptet sein, wenn ich annehme, dass die Schüler bei diesem Lehrplan **mindestens** so viel lateinische Bildung von der Schule in's Leben mitnehmen werden, wie die heutigen Realschulabiturienten. Während aber bei letzteren dieses Quantum ihren **gesammten** Bedarf an classisch-humanistischer Bildung decken soll, ist es bei unserm Realgymnasium mit 27 Stunden eine blosse Zugabe zu der streng genommen für sich allein genügenden classisch-humanistischen Bildung, welche die Schüler durch den umfassenden Unterricht im Griechischen empfangen. Was so bei der Realschule ganz unzulänglich für seinen Zweck erscheint, muss hier schon als etwas über das nothwendige Mittel zum Zweck Hinausgehendes bezeichnet werden. Der Lehrplan für das so organisirte Realgymnasium mit 27 Wochenstunden findet sich in der Tabelle am Schluss des folgenden Abschnittes in der Columne B.

Beiläufig sei noch bemerkt, dass diejenigen Philologen, welche sich mit der Herabminderung der Stundenzahl des Lateinischen **unter** diejenige, welche jetzt das Griechische inne hat, nicht befreunden können, dadurch keineswegs gehindert sind, meinem Vorschlage des Rollentausches zwischen

Griechisch und Latein zuzustimmen. Dieselben brauchen dann nur den Lehrplan des Realgymnasiums mit 30 Wochenstunden unter Vertauschung der betreffenden Columnenüberschriften festzuhalten. Ja sogar, wenn ihnen die Herabsetzung des Lateinischen auf die jetzige Stundenzahl des Griechischen auch schon als ein zu starker Abfall von ihren geheiligten Ueberlieferungen erscheint, so lässt sich auf der Stufe von 30 Wochenstunden der Rollentausch in einer für das Lateinische noch schonenderen Weise bewerkstelligen. Man braucht dann nur das Griechische auf die Stundenzahl zu beschränken, welche wir ihm in dem Lehrplan der Schule mit 27 Wochenstunden angewiesen haben, und den Rest der verfügbaren Stunden dem Latein zu überweisen, das alsdann in jeder Classe 3 Stunden mehr erhalten könnte, als unsre zweite Reformstufe ihm zuweist, d. h. in Quinta 9, in Quarta bis Secunda 7, und in Prima 6 Stunden. (Bei Wiederherstellung des obligatorischen Gesangunterrichts in Quinta würde sich der lateinische Unterricht auch in Quinta auf 7 Stunden reduciren.) Es würde ohne Zweifel der Nothwendigkeit einer allmählichen Klärung der Ansichten durch praktische Erfahrungen am besten Rechnung getragen werden, wenn den Schulen ein weiterer Spielraum als bisher gewährt würde, um je nach der Neigung und Befähigung des Lehrercollegiums den Weg zu versuchen, der im concreten Falle der geeignetste scheint.

V. Die dritte Stufe der Reform: Das Realgymnasium mit 24 Wochenstunden.

Im vorigen Abschnitt waren wir zu einer Organisation der Schule gelangt, die zwar als solche den Kräften der Schüler nicht mehr zu viel zumuthet, die aber doch auch ihre Leistungsfähigkeit, so weit sie rationeller Weise überhaupt angespannt werden darf, ganz und ohne Rast für sich in Anspruch nimmt. Nun ist es aber grade in unsrer einerseits abstract theoretischen, andererseits nüchtern materialistischen Zeit dringend nothwendig für die harmonische Menschenbildung, dass unsre Kinder, so weit sie für Musik oder bildende Kunst Talent haben, auch in mindestens einer dieser Künste eine Ausbildung im künstlerischen Sinne erhalten, was natürlich nur durch gründlichen Privatunterricht und zeitraubende häusliche Uebungen möglich ist.

Man wird aber nicht fehlgreifen, wenn man annimmt, dass von drei Kindern eines für Musik und eines für bildende Kunst ein Talent hat, welches die Ausbildung (nicht zum Zwecke der späteren Ausübung der Kunst, sondern) zur harmonischen Abrundung der allgemeinen Bildung lohnt. Eine derartige künstlerische Ausbildung wird aber im Mittel 8—9 Stunden wöchentlich in Anspruch nehmen (für Musik 2—3 Unterrichtsstunden und 6—7 Uebungsstunden, für Zeichnen vier Lectionen zu 2 Stunden, oder drei zu 3 Stunden). Solche Kinder, welche weder für Musik noch für bildende Kunst Talent besitzen, wird man zweckmässig neben dem Schulunterricht ein oder zwei Handwerke erlernen lassen, welche eine gewisse technische Fertigkeit erfordern.

Neben alledem läuft noch der Anspruch der gymnastischen Körperbildung (durch Turnen, Tanzen und Schlittschuhlaufen) einher, welchen wir bisher bei unsern Betrachtungen gar nicht berücksichtigt haben, welcher aber doch auch nur auf Kosten einer harmonischen Menschenbildung vernachlässigt werden darf.

Rechnen wir für die gymnastischen Uebungen zwei Nachmittage, und für die Künste oder das Handwerk vier solche, so sind die sechs Nachmittage der Woche mit mindestens je 2 Stunden besetzt. Erwägt man nun weiter, dass bei einer verminderten Schulstundenzahl der Schulunterricht nothwendig intensiver werden, also auch höhere Ansprüche an den häuslichen Fleiss der Schüler stellen muss, so wird man allermindestens 2 Stunden täglich als Durchschnittszeit für die häuslichen Schularbeiten ansetzen müssen. Das sind mit den technischen und gymnastischen Uebungen zusammen schon 4 Stunden täglich. Da erscheint es denn in der That als hygienisch und pädagogisch unzulässig, mit der Zahl der obligatorischen Schulstunden über vier pro Tag hinauszugehen, denn diese Zahl macht bereits die Summe von acht täglichen Arbeitsstunden voll, ungerechnet die Wege von und nach der Schule am Vormittag, die Wege vom und nach dem Maleratelier, musikalischen Conservatorium oder Turnplatz Nachmittags, und ungerechnet die eventuelle Theilnahme an facultativem Schulunterricht.

Diese Rechnung zeigt mit Evidenz, dass es ein dringendes Gebot der Menschlichkeit und Klugheit ist, mit allen Kräften auf die Schule mit nur 24 obligatorischen Unterrichtsstunden hinzusteuern, und dass vor den hier aufgestellten principiellen Gesichtspunkten jede specielle Liebhaberei für bestimmte Unterrichts-Gegenstände zurücktreten muss. Man mag über die zweckmässigste Art und Weise der Verwendung der von der Schule freigelassenen Zeit sehr verschiedener Ansicht sein; aber das schadet nichts: man muss auf alle Fälle den Eltern wenigstens die Möglichkeit offen lassen, auf die geistige Ausbildung ihrer Kinder mitbestimmend einzuwirken. Die Hauptsache ist zunächst, ein allgemeines Einverständniss darüber herbeizuführen, dass 4 obligatorische Schulstunden und 2 Stunden für häusliche Arbeit täglich das Maximum ist, das der Schule gestattet sein sollte, damit von der jugendlichen Maximalarbeitszeit von 8 Stunden den Eltern wenigstens 2 Stunden zur freien Verfügung bleiben, mögen dieselben nun für technische und gymnastische Ausbildung, oder für private Anticipation der künftigen Berufsbildung, oder für gesteigerte literarische Bildung oder wofür sonst immer verbraucht werden, oder mögen auch die Eltern es für das Beste halten, sie ihren Kindern zu schenken, damit dieselben sich desto mehr ihrer Kindheit und Jugend freuen und zu um so frischeren und kräftigeren Männern heranwachsen.

Ein specieller hygienischer Grund, der für die Reduction der Wochenstunden auf 24 spricht, ist noch der, dass bei der unbedingten Verwerflichkeit des Nachmittagsunterrichts jeder Lehrplan mit mehr als 24 Wochenstunden dazu zwingt, mehr als 4 Stunden hintereinander in derselben Classe abzuhalten, dass aber der Aufenthalt in einer solchen Classe in der fünften Stunde in Folge der verdorbenen Athmungsluft bereits entschieden gesundheitsschädliche Einwirkungen auf den Organismus übt.

Wie ist nun die gestellte Aufgabe zu lösen?

Zunächst wird es gestattet sein, bei der vergrösserten Wahrscheinlichkeit privaten Musikunterrichts für die musikalisch begabten Schüler den Gesangunterricht schon in Sexta und Quinta facultativ zu machen, so dass der obligatorische Gesangunterricht ganz in die Vorschule verwiesen wird. In Quinta wird der Unterricht im Schönschreiben ohne Nachtheil von zwei auf eine, und in Sexta der deutsche Unterricht von drei auf zwei Stunden reducirt werden können. Zur weiteren Beschränkung der Stundenzahl liesse sich an den Religionsunterricht denken. In der That muss der Religionsunterricht in der Gestalt, wie er jetzt auf unsern höheren Schulen meistens betrieben wird, als vergeudete Zeit betrachtet werden. Entweder ist der Lehrer gläubig und fromm, dann verfällt er nur zu leicht in den Fehler, den Religionsunterricht erbaulich machen zu wollen, was der Aufgabe der Schule und ihren Lehrzielen schlechterdings widerspricht; oder er ist indifferent, oder gar antichristlich, dann wird er zum Religionsunterricht bloss gepresst, und giebt die Stunde widerwillig und interesselos. Eine Besserung ist hier nur dann möglich, wenn der Name dieses Unterrichtsgegenstandes in „Religionsgeschichte" umgewandelt wird, eine völlig unbefangene geschichtliche und literarhistorische Auffassung Platz greift, und die Religionsgeschichte zugleich im Sinne einer vergleichenden Religionswissenschaft behandelt wird. Von einem wirklich Gebildeten kann man und muss man heutzutage verlangen, dass er ausser der christlichen und jüdischen Religion auch die Grundzüge der mohammedanischen, brahmanischen, buddhistischen und Avesta-Religion kenne, und es würde einer vernünftigen Toleranz und leidenschaftslosen historischen Pietät gegen alles Grosse und Bedeutende nur zu Gute kommen, wenn in der höheren Schule auch die wichtigsten Schriften jener andern Religionen ebenso wie die Schriften des alten und neuen Testaments gelesen würden. Ein Schulbuch für vergleichende Religionsgeschichte mit den nöthigen Proben der grundlegenden heiligen Schriften wäre ohne Zweifel eine zeitgemässe pädagogische Preisaufgabe. Die Kenntniss der jüdisch-christlichen Schriften müsste bis Quarta gewonnen sein, Tertia und Untersecunda müssten der vergleichenden Religionswissenschaft gewidmet werden; in Obersecunda wäre, wie diess schon jetzt vielfach geschieht, lediglich das neue Testament im griechischen Urtext zu lesen, und für Prima bliebe die christliche Dogmen- und Kirchengeschichte vorbehalten. Das Memoriren von Kirchenliedern müsste auf die Vorschule beschränkt werden, dasjenige von Bibelstellen spätestens mit Quarta abgeschlossen sein. Ein solcher religionsgeschichtlicher Unterricht wäre durchaus confessionslos und ganz objectiv historisch zu handhaben, darum aber auch für die Angehörigen aller Confessionen und Religionen obligatorisch. Es ist begreiflich, dass die angeführten Pensa zwei Wochenstunden für alle Classen ausfüllen; nur für Secunda, wo es sich hauptsächlich um Lectüre des griechischen neuen Testaments handelt, habe ich die Stundenzahl auf eine ermässigt.

Am Griechischen darf ebenso wenig wie an den Realwissenschaften eine Herabsetzung vorgenommen werden, wenn nicht die allgemeine Bildung des Abiturienten unter das geforderte Niveau herabgedrückt werden soll. Wollen wir also dem Realgymnasium mit 24 Wochenstunden näher kommen, so müssen wir uns an den einzigen Gegenstand halten, den wir schon im vorigen Abschnitt streng genommen als überflüssig für die allgemeine Bildung bezeichnen mussten, an das Lateinische.

Es ist ein allgemeiner pädagogischer Grundsatz, dass man ein und dasselbe Ziel niemals auf doppeltem Wege zu erreichen suchen soll, dass man die Aufmerksamkeit des Schülers nicht zersplittern, sondern möglichst concentriren soll. *Non multa sed multum.* Die allgemeine Bildung besteht nicht darin, dass man von allen möglichen Dingen etwas weiss, sondern daran, dass man das Nothwendige gründlich genug getrieben hat, um eine gediegene formale Bildung dadurch erlangt zu haben. Einen Menschen, der in sieben Sprachen ein wenig radebrechen, dabei aber nicht einmal ordentlich deutsch reden und schreiben kann, wird man unbedenklich für einen ungebildeten Menschen erklären, einem andern dagegen, der nur seine Muttersprache kennt, in dieser aber ein gewandter Redner und Schriftsteller ist, eine gewisse Bildung nicht absprechen. Der gleissnerische Schein unsrer Mädchenerziehung freilich sucht seine Triumphe darin, die armen Opfer moderner Pädagogik mit einem oberflächlichen Firniss möglichst vieler moderner Sprachen und Kunstfertigkeiten zu übertünchen, anstatt ihnen in Einer Sprache und Einer Kunst eine gründliche und gediegene Ausbildung zu geben. In der Pädagogik unserer höheren Schulen aber hat man glücklicher Weise jenen allgemeinen Grundsatz noch nicht im Princip zu leugnen gewagt, wenn man auch praktisch schlimm genug gegen denselben gesündigt hat.

Ich habe mich schon einmal auf diesen Grundsatz berufen, als ich das Nebeneinanderbestehen des Unterrichts in zwei neueren fremden Sprachen verwarf, und denselben auf eine beschränkt wissen wollte; ich muss jetzt auf ihn zurückkommen, wo es sich darum handelt, dass das Nebeneinanderbestehen des Unterrichts in zwei alten Sprachen ebenso principiell falsch und grundverkehrt ist. Wenn man die für Französisch und Englisch disponible Zeit ausschliesslich auf die pädagogisch werthvollere dieser beiden Sprachen, d. h. auf Französisch, verwendet, so wird man ein ungleich höheres Bildungsresultat erzielen, als wenn man sie auf beide zersplittert; darum ist es falsch, neben dem Französischen noch das Englische zum obligatorischen Lehrgegenstand zu machen (wie die

Realschulen und höheren Töchterschulen es thun). Ganz in derselben Weise aber wird man auch das durch den altsprachlichen Unterricht zu erzielende Bildungsresultat **in weit höherem Grade** erreichen, wenn man die für denselben disponible Zeit auf **diejenige** der bisher gepflegten Sprachen concentrirt, welche **den höheren pädagogischen Bildungswerth** besitzt. Wir haben bereits gesehen, dass diess **die griechische** ist, und die Schlussfolgerung unserer Betrachtung muss demnach lauten, dass das Lateinische aus unsern höheren Schulen ganz ebenso wie aus unsern Mittelschulen entfernt werden muss, und dass in ersteren der gesammte altsprachliche Unterricht auf das Griechische concentrirt werden muss.

Zu demselben Resultat gelangen wir, wenn wir nicht auf den formalen Bildungswerth der Sprache als solchen, sondern auf die literarische Bedeutung ihrer Schriftdenkmäler reflectiren. Der Werth, welchen die lateinischen Geschichtsschreiber als Quellen für den modernen Historiker haben, kann natürlich bei einer Erwägung des **pädagogischen** Werthes derselben ebenso wenig zur Sprache kommen, wie etwa die Fingerzeige, welche bei Cicero, Seneca, Lucretius und Anderen in Betreff der Lehren **griechischer** Philosophen und Philosophenschulen zu finden sind, oder wie etwa die Aufschlüsse, welche das Studium des lateinischen Wörterschatzes und der lateinischen Grammatik dem vergleichenden Sprachforscher zu geben im Stande sind. Alle solche Rücksichten fallen gänzlich ausserhalb des Gesichtskreises der Schule, ebenso wie die Entwickelung des **römischen Rechts**, in welchem allein die dauernde **culturgeschichtliche** Leistung des römischen Volksgeistes zu suchen ist.

Scheiden wir aber diese Interessen aus, so kann man sagen, dass die sogenannten römischen Classiker sammt und sonders **nicht werth sind**, in der Schule gelesen zu werden. Der sicherste Beweis für die Wahrheit dieser Behauptung liegt darin, dass ein Gymnasiast oder Realschüler es schwerlich fertig bringen wird, eine deutsche Uebersetzung eines römischen Schriftstellers zu seinem Vergnügen zu lesen, während er solche von vielen griechischen Classikern mit hohem Genuss liest, wenn der Zufall sie ihm in die Hand spielt. Was aber in der deutschen Uebersetzung zu lesen nicht lohnt, das lohnt erst recht nicht die Mühe, es im Original zu lesen, es sei denn, dass man ganz bestimmte berufswissenschaftliche Zwecke mit dieser Lectüre verfolgt.

Der einzige Zweig der römischen Literatur, welcher eine dauernde literarische Bedeutung in Anspruch nehmen kann, weil er der einzige ist, der zur Hälfte aus der autochthonen Volkspoesie hervorgewachsen ist, ist die lateinische Comödie, von der die Schüler bekanntlich nichts zu sehen bekommen. Ob nicht auch diese durch ihr griechisches Vorbild verdunkelt werden würde, wenn letzteres uns erhalten wäre, mag hier auf sich beruhen bleiben.

Die Römer haben keine Spur von mathematischer Anlage, fast gar keine Begabung für Philosophie, und nicht viel mehr für dichterische Produktion besessen. Es fehlt ihrer Literatur ebensosehr an originaler Erfindung wie an tieferer poëtischer Empfindung; alle Poësie ist bei ihnen Anempfindung und Nachahmung, kommt über rhetorischen Prunk und gefällige Tändelei nicht hinaus und verhält sich zu ihrem hellenischen Vorbild etwa wie eine Gewandfigur mit geschickt drapirtem Faltenwurf zu einer nackten Göttergestalt. Die gewaltige politische Expansionskraft der eroberungssüchtigen Nation musste sie mehr als andre Nationen auf die Pflege der Geschichtsschreibung verweisen; aber auch die römische Historiographie steht in formeller Hinsicht weit hinter der griechischen zurück, und die staatliche Entwickelung Roms in geschlossenem Bilde vorzuführen, ist so wie so nicht mehr Aufgabe des lateinischen, sondern des geschichtlichen Unterrichts.

Nach der inhaltlichen Seite ist also der Fortfall des Lateinischen keinenfalls ein Verlust; nach der formalen Seite aber ist es eine Forderung des Princips der Concentration, die Ziele des altsprachlichen Unterrichts ausschliesslich durch das Griechische zu verfolgen.

Es könnte also nur noch die Frage entstehen, ob zur wirksamen Erreichung dieses Ziels bei Ausscheidung des Lateinischen die Stundenzahl des Griechischen (gegen die im Lehrplan des Realgymnasiums mit 27 Stunden angenommenen Zahlen von 10 Std. für Sexta, 8 Std. für Quinta, und 6 Std. für die übrigen Classen) vermehrt werden müsse. Diese Frage glaube ich verneinen zu dürfen. Nicht als ob eine solche Vermehrung und eine durch sie bewirkte Steigerung der classisch-humanistischen Bildung nicht recht sehr wünschenswerth wäre; aber sie scheint mir nicht grade unerlässlich, und die vielseitigen Ansprüche geben eben leider nur dem Unerlässlichen Raum. Es kommt dazu, dass bei dem Fortfall des Lateinischen der französische Unterricht wiederum in Quinta beginnen muss, und wenigstens in einer Classe (ich nehme Quarta an) einer geringen Verstärkung (gegen den Lehrplan des Realgymnasiums mit 30 Stunden) bedarf, weil ihm die Unterstützung durch die Kenntniss des Lateinischen fehlt.

Ohne Zweifel wird meine Forderung der Entfernung des Lateinischen aus unserm gesammten Schulwesen bei den bestehenden Vorurtheilen auf den allerheftigsten Widerstand stossen, und ich wage bei der Stärke und Allgemeinheit dieser traditionellen Vorurtheile auch nicht zu hoffen, dass mein Vorschlag in absehbarer Zeit zur Verwirklichung kommen könnte. Wäre ich ein praktischer Schulmann, so würde ich meine Reformvorschläge auf die nächst erreichbaren Ziele beschränkt haben, also mit der zweiten, oder wohl gar schon ersten Stufe der Reform abgeschlossen haben, um das Weitere der Zukunft anheim zu geben. Dem Philosophen aber geziemt es, wie von grossen und festen Grundprincipien auszugehn, so auch Ideale vorzuzeichnen und Perspektiven zu eröffnen, ohne sich dabei um die näheren oder ferneren Aussichten auf Verwirklichung seiner Ideen zu bekümmern. Ihm ist es doppelt zwingende Pflicht, seine Gedanken erschöpfend zu entwickeln, wenn er der Ueberzeugung lebt, mit diesen Gedanken nicht etwa bloss sein subjectives Meinen und Wünschen auszusprechen, sondern mit ihnen den objectiven und vernünftig-nothwendigen Entwickelungsgang der Sache selbst erfasst zu haben. Dann schliesst die geschichtlich gegebene Entwickelung der Vergangenheit sich mit der ideell anticipirten der Zukunft zu einem harmonischen Ganzen zusammen, und die augenblicklich in Frage stehenden praktischen Reformen der Gegenwart werden nun als Glied dieser nach vorwärts wie nach rückwärts durchsichtigen Entwickelung verstanden, und dadurch ungleich sicherer erfasst. — Ich wage zu behaupten, dass die gänzliche Ausscheidung des Lateinischen aus unserm gesammten Schulwesen in demselben Augenblick (aber auch schwerlich früher) vollendete Thatsache sein wird, wo die letzten Reste des Mittelalters aus unserm politischen, socialen und kirchlichen Leben verschwunden sein werden.

Ich wende mich schliesslich zur Betrachtung einiger Einwendungen, welche man gegen die Ausscheidung des Lateinischen erheben könnte.

Zunächst wird man sagen, dass das Französische ohne Kenntniss des Lateinischen nicht ordentlich betrieben werden könne. Aber die höheren Bürgerschulen ohne Latein und die höheren Töchterschulen beweisen die Hinfälligkeit dieser Behauptung zur Genüge, obgleich ihren Schülern die formale altsprachliche Vorbildung fehlt, welche nach unserm Lehrplane das Griechische vermittelt. Nicht für die Schüler, sondern höchstens für die Lehrer des Französischen kann eine gewisse Kenntniss des Lateinischen wünschenswerth genannt werden, welche sich dann aber eben dadurch als Hülfswissenschaft der Lehrerberufsbildung qualificiren würde, d. h. auf die Fachschule (Universität) verwiesen werden müsste.

Alle sonst noch zu erhebenden Einwendungen sind ebenfalls nicht mehr auf das humanistische Princip der allgemeinen Bildung gestützt, sondern auf das utilitaristische Princip der Unentbehrlichkeit der lateinischen Vorbildung für gewisse Berufsarten. Mein Angriff gegen das Lateinische, weil er von der entgegengesetzten Seite kommt, als die Vertheidiger des Lateinischen gewohnt sind, setzt grade darum die Letzteren in eine viel schwierigere Lage; denn das humanistische Princip, als dessen Vertreter sie sich sonst ihren utilitaristischen Gegnern gegenüber geriren, kehre ich eben gegen sie, und enthülle sie als ebenso schlimme Utilitaristen, wie die mit ihnen ringenden Anhänger des Realschulprincips. Die Folge muss natürlich sein, dass beide Gegner sich mit vereinten Kräften gegen mich kehren; aber die draussen Stehenden sollten doch durch die bisherige völlige Resultatlosigkeit des erbitterten Kampfes zwischen Realschule und Gymnasium auf den Gedanken geführt werden, dass in beider Gegner Standpunkt etwas faul sein muss, da, wenn Einer von ihnen ein wirklich gesundes Princip verträte, dieses längst die siegreiche Evidenz der Wahrheit bewährt haben müsste.

Um sein geliebtes Latein zu vertheidigen, wird also der Humanist sagen: der Philologe, der Theologe, der Historiker, der Jurist, der Mediciner und noch mancher andere braucht die Kenntniss des Lateinischen in seinem Beruf, folglich ist es **nützlich**, dass ihn die höhere Schule bereits mit dieser Kenntniss ausgerüstet zu seiner Fachbildungsanstalt entlasse.

Was zunächst die Medicin betrifft, so ist für diese die fragliche Behauptung entschieden zu bestreiten. Der Mediciner braucht gar kein Latein zu wissen; denn wenn die Terminologie seiner Wissenschaft und ihrer Hülfswissenschaften einen lateinischen Klang hat, so stammt sie doch meist aus dem Griechischen, oder aber aus dem Vocabularium des mönchischen Köchenlateins, von welchem der heutige Gymnasiast doch nichts erfährt. Deshalb sind beigefügte etymologische Worterklärungen in den Lehrbüchern der Medicin und ihrer Hülfswissenschaften doch auf alle Fälle unerlässlich, und hat dann der mit Cicero vertraute Student in der Leichtigkeit der Aneignung dieser Terminologie vor dem des Lateins ganz Unkundigen wirklich nichts mehr voraus.

Für die Theologie sind Hebräisch und Griechisch, als die Ursprachen der Bibel, jedenfalls ungleich wichtiger als Lateinisch, da unsre Lehrbücher und modernen Commentare der Bibel deutsch geschrieben sind. Wandelt aber den Theologen die Lust an, in den Kirchenvätern zu lesen, so stehen ihm für dieselben bereits ganz brauchbare deutsche Uebersetzungen zu Gebote, mit welchen den lateinischen Originaltext zu vergleichen, ihm überlassen bleiben mag. Immerhin ist die Kenntniss des Lateinischen, mit welcher der Theologe bei den jetzigen Hülfsmitteln bequem ausreicht, eine sehr mässige, zu deren Erlangung ein wöchentlich zweistündiger Unterricht weniger Jahre genügen würde. Für die katholischen Theologen in Deutschland ist hoffentlich die Zeit nahe, wo sie den Gottesdienst nur noch in deutscher Sprache zu verrichten haben werden.

Die Historiker brauchen nur zum Theil die Kenntniss des Lateinischen, insoweit sie nämlich genöthigt sind, aus lateinischen Quellen zu schöpfen. Diese Quellen sind entweder altrömische Schriftsteller, — dann ist ihr Verständniss durch allgemein zugängliche deutsche Uebersetzungen sehr erleichtert; oder es sind mittelalterliche Chroniken, — und diese, das wird jeder Kundige zugeben, verlangen nur eine sehr mässige Vorbildung im Lateinischen zu ihrem Verständniss, das am allerwenigsten durch eine übertriebene Dressur im Ciceronianischen Latein gefördert wird. So gut der Historiker, welcher über neuere spanische Geschichte schreiben will, auf eigne Hand spanisch lernen muss, so gut kann auch der Historiker, der über römische Geschichte schreiben will, auf eigne Hand lateinisch lernen; der eine kann so wenig wie der andre daraus, dass seine Hülfswissenschaft für ihn unentbehrlich ist, die Anforderung begründen wollen, dass dieselbe schon auf der Schule getrieben werde.

Ganz ähnlich verhält es sich mit den Juristen. Das Corpus Juris zu lesen ist bei einer gründlichen altsprachlichen Vorbildung durch den Unterricht im Griechischen, wahrlich keine Hexerei, sobald man nur die Elemente der lateinischen Sprache erfasst hat; eine einjährige Lectüre dieser Schrift in zwei Stunden wöchentlich würde jedenfalls ihr Verständniss dienlicher fördern, als langjährige Ciceronianische Studien.

Was endlich die Philologie betrifft, so kann für die griechische Philologie die Kenntniss des Lateinischen doch nur insoweit als erforderlich gelten, als nöthig ist, um lateinische Commentare zu verstehn, — und das ist doch wahrhaftig nicht übermässig viel für einen im Griechischen gründlich geschulten Geist. Die lateinische Philologie als solche ist der einzige Beruf ausser der vergleichenden Berufswissenschaft, welcher eine eingehende und gründliche Kenntniss des Lateinischen verlangt. Ebenso verlangt aber auch die arabische oder Sanskrit-Philologie eine gründliche

Kenntniss des Arabischen oder des Sanskrit, — und doch hat noch niemand daraus den Schluss gezogen, dass es deshalb nothwendig sei, Arabisch und Sanskrit zu obligatorischen Unterrichtsgegenständen auf dem Gymnasium zu machen. Wer sich der arabischen oder Sanskrit-Philologie widmen will, der sucht sich eben die zu seinem Beruf nöthige Fachbildung auf der Universität anzueignen, und ganz dasselbe muss für die lateinische Philologie gelten.

Obenein aber kommen noch zwei Gesichtspunkte hinzu, welche die lateinische Philologie noch hinter die arabische und Sanskrit-Philologie zurückzusetzen nöthigen. Der erste ist, dass sämmtliche lateinische Schriftsteller von den Philologen bereits 99 mal um und um gekehrt und Buchstabe für Buchstabe durchforscht und conjecturirt sind, dass schon tausend mal mehr Kräfte an die lateinische Literatur vergeudet worden sind, als dieselbe überhaupt werth ist, und dass es jetzt, wo der Philologie und Linguistik auf neuen Gebieten so viel lohnendere Aufgaben eröffnet sind, endlich Zeit scheint, von dem immer neuen Durchkauen des schon tausend und aber tausend Mal durchkauten Speisebreis Abstand zu nehmen. Der zweite Gesichtspunkt aber ist der, dass nur das gewaltsame und zähe Festhalten des Lateinischen auf den höheren und mittleren Schulen die Schuld davon trägt, dass noch immer so viel Kräfte, die zu fruchtbareren Leistungen befähigt sind, an der lateinischen Philologie sich abarbeiten. Denn nur weil so viele Lehrer des Lateinischen gebraucht werden, müssen so viele Jünglinge sich diesem Studium widmen, und nur weil so viele Studenten Collegia in der lateinischen Philologie besuchen müssen, müssen soviel Professoren dieser Disciplin gesucht und angestellt werden. Die auffällige Unproportionalität, das extensive Uebermaass der lateinischen Philologie im Verhältniss zu der Philologie andrer Sprachen, ist also **rein blosse Folgeerscheinung** des zähen Festhaltens unsrer

Schulen an dem traditionellen Latein. In dem Maasse als der lateinische Schulunterricht noch weiter zusammenschrumpfen wird, wird auch die lateinische Philologie auf den Universitäten zusammenschrumpfen, bis sie endlich nach der völligen Ausscheidung des Lateinischen aus dem Schulplan dem Maass der arabischen oder Sanskritphilologie entsprechen wird. Die Entfernung des Lateinischen aus den Schulen wird also grade den Hauptgrund, weshalb man dasselbe jetzt conserviren zu müssen behauptet, mit beseitigen. Es wird nach alle dem den Vertheidigern des Lateinischen zugestanden werden müssen, dass die Kenntniss dieser Sprache nicht nur (wie etwa Arabisch und Sanskrit) für einen einzigen Beruf, sondern für mehrere der wichtigsten Berufszweige eine unentbehrliche Hülfswissenschaft bildet. So lange dem Utilitätsprincip und der Anticipation der Berufsbildung durch die Schule noch irgend welche Zugeständnisse gemacht werden — und es wird diess vielleicht niemals ganz zu vermeiden sein — so lange hat ohne Zweifel das Lateinische vor allen andern Unterrichtsgegenständen, welche aus gleichem Grunde gepflegt werden, deshalb einen Prioritätsanspruch, weil es für eine weit grössere Quote der Schüler nützlich ist, als irgend ein anderer einzelner Unterrichtsgegenstand. Es würde daher eine gewisse Pflege des Lateinischen ebenso gut wie die des Hebräischen und Englischen auf der Schule zuzulassen sein, nur dürfte niemals aus den Augen verloren werden, dass es nicht das humanistische, sondern das utilitaristische Princip ist, dem es diesen Rechtstitel verdankt. Dieser Gesichtspunkt muss auch für die Art des Unterrichts maassgebend bleiben, d. h. es muss dabei speciell auf eine Vorbereitung künftiger Berufsaufgaben abgesehen sein.

Was dagegen den Vertheidigern des Lateinischen nicht

zuzugestehen ist, das ist die Behauptung, dass die erforderliche Vorbereitung des künftigen Juristen, Historikers und Theologen im Lateinischen dasjenige Maass erheblich überschreiten müsse, welches man bei der Vorbereitung des künftigen Theologen im Hebräischen oder des künftigen Kaufmanns im Englischen ausreichend findet, — d. h. vier Jahre lang zwei Stunden wöchentlich. Diese Unterrichtsdauer wird vollständig ausreichen, um den im Griechischen tüchtig vorgebildeten Schüler zur Lectüre leichterer Schriftsteller ohne Nachhülfe, und schwerer mit Beihülfe einer Uebersetzung auszurüsten, und zugleich auch allen übrigen Schülern einen Einblick in die Formen und den Organismus der lateinischen Sprache zu geben, der bei der mannichfachen Verwendung lateinischer Fremdausdrücke in der deutschen Schriftsprache immerhin nicht ohne einen gewissen Nutzen ist.

Es würde nun nahe liegen, diesen Unterricht ebenso wie den im Hebräischen und Englischen facultativ zu machen; indessen hat das nur bei solchen Gegenständen einen erheblichen Vortheil, wo voraussichtlich nur ein kleiner Bruchtheil der Schüler den Unterricht benutzt. Am Lateinischen aber würde mindestens die Hälfte, wo nicht gar die Mehrzahl der Schüler Theil nehmen, so dass für diese Mehrzahl das Resultat dasselbe wäre, als ob die obligatorische Stundenzahl der Woche um zwei erhöht würde. Diese Wirkung soll aber vermieden werden, und zu dem Zweck muss der lateinische Unterricht wenigstens auf 4 Jahre in der Zahl von 24 obligatorischen Lehrstunden mit inbegriffen sein, was in Tertia und Secunda sehr wohl thunlich ist, und wodurch zugleich der schon erwähnte Nebengewinn erreicht wird, auch dem übrigen Theil der Schüler einigen Einblick in die Formen und den Organismus der lateinischen Sprache zu gewähren. In Prima dagegen sind ohne Schädigung anderer für die allgemeine Bildung nothwendiger, also dem

Lateinischen vorangehender Unterrichtsfächer die 2 lateinischen Stunden nicht mehr in die 24 obligatorischen Unterrichtsstunden einzureihen. Soll also der Unterricht im Lateinischen länger als der im Hebräischen und Englischen dauern, so muss man sich dazu verstehen, ihn in Prima ebenso wie in jenen facultativ zu machen. Alsdann würde das Pensum von Tertia und Secunda in die Lectüre altrömischer Schriftsteller, das des facultativen Unterrichts in Prima aber in die specielle Vorbereitung zu dem theologischen, juristischen und historischen Beruf, d. h. in die Lectüre von Kirchenvätern, Geschichtschroniken und des Corpus Juris zu setzen sein. Auf diese Weise wird, wie ich glaube, allen billigen und zulässigen Ansprüchen des utilitarischen Princips an die Schule in Betreff des Lateinischen Rechnung getragen sein.

Der Lehrplan der höheren Schule, wie er sich dann gestaltet, ist auf der nachstehenden Tabelle unter der Columne C zusammengestellt, während die Columne B die im vorigen Abschnitt besprochene zweite Stufe der Reform repräsentirt, und unter der Columne A die erste Stufe der Reform oder das Realgymnasium mit 30 Stunden nochmals zum Vergleich daneben gestellt ist.